ALERTE,

OU

LES RÊVERIES

DE CANÉJEAN,

PARODIE D'ARTAXERCE,

TRAGÉDIE DE M. DELAVILLE.

TRAGI-PARADE,

EN TROIS ACTES ET EN VERS;

PAR P. J. S. D*****, DE L'YONNE.

Il est beau de régner, ne fût-ce qu'un instant ?
ROI DE COCAGNE, acte 3, scène 7.

A Bordeaux,
De l'Imprimerie d'André Brossier.

SEPTEMBRE 1810.

SE TROUVE à Bordeaux,

Chez l'AUTEUR, *rue Monbazon*, n°. 26;
Et chez les principaux Libraires et Marchands de nouveautés.

AVIS
AU LECTEUR.

La première représentation d'une tragédie, sur un autre théâtre que celui de la Capitale, est un événement bien rare, mais qui n'est pas sans exemple à Bordeaux.

Lafond, l'un de nos premiers acteurs tragiques, fit représenter à Bordeaux *la Mort d'Hercule*, en cinq actes, d'après l'*Hercules Ætheus* de Sénèque : il n'était alors âgé que de dix-neuf ans. Les critiques les plus sévéres lui reprochèrent des longueurs, des réminiscences trop fréquentes, trop marquées, peu de vérité et de vigueur dans le dessin de ses caractères, de choquantes inégalités dans le plan; mais ils ne purent lui contester beaucoup de facilité, de chaleur et de correction dans le style.

Malgré ces défauts, ce premier ouvrage d'un poète aussi jeune annonçait le germe d'un heureux talent. D'autres études, des succès extraordinaires et soutenus dans un autre genre, ont depuis détourné LAFOND de la carrière poétique où il s'était présenté avec quelque avantage.

La tragédie de M. DELAVILLE a fait une nouvelle époque à Bordeaux : il a été moins sévèrement critiqué que LAFOND ; et le zèle de l'amitié lui a prodigués des éloges dont il n'a pu se dissimuler l'exagération. Pour mettre le public à même de prononcer sur cette contestation littéraire, on a imprimé, à la suite de cette parodie, tout ce que les journaux de Bordeaux ont publié pour et contre la nouvelle tragédie. On n'a point prétendu décourager M. DELAVILLE, mais le garantir des funestes effets d'un engouement irréfléchi.

BOILEAU a parodié les plus belles scènes du *Cid* : c'est le sort de toutes les pièces qui obtiennent un grand succès. — M. DELAVILLE, dont le début dans la carrière littéraire fut aussi, dit-on, une parodie, ne pourra s'offenser d'avoir été parodié à son tour.

On peut avec honneur se placer au-dessous des grands maîtres, même dans une distance éloignée.

> Melpomène à son tour doit m'accorder ma grace,
> En les travestissant j'admire ses héros ;
> Le parodiste rit, mais jamais il n'outrage :
> Nul ne sait mieux priser les beautés d'un ouvrage,
> Que celui qui s'occupe à chercher ses défauts.

Ces vers de l'ingénieux parodiste de la *Veuve du Malabar*, expliquent assez le motif et l'excuse de ma bluette.

M. Delaville a fait imprimer sa tragédie, sans attendre l'épreuve des premières représentations. — Rien n'est contagieux comme un exemple heureux ; et celui de M. Delaville l'a été, du moins pour sa première édition. Cette parodie n'a point été représentée : le sera-t-elle ?....... Tous ceux qui ont lu le manuscrit n'ont eu qu'une voix sur ce point ; mais l'auteur attend, avec une respectueuse confiance, que le public ait confirmé l'opinion favorable qu'ils ont bien voulu lui témoigner après la lecture de sa pièce.

Il importe d'avertir le lecteur, que les vers marqués par des guillemets, appartiennent à la tragédie parodiée.

PERSONNAGES.

ALERTE, fils de PERSÈS, nouveau roi des Canéjeannots.
NINA-ZÉMIRE, sa sœur, amoureuse d'Acerbe.
JAPABAN, ministre et confident du défunt.
ACERBE, son fils.
BARBEGRISE, gouverneur du palais royal.
FLANAS, valet de pied.

La scène se passe à Canéjean sur le bord d'un grand fleuve, entre la côte de Coromandel et le port de Cadaujac.

ALERTE,
ou
LES RÊVERIES
DE CANÉJEAN,
TRAGI-PARADE.

~~~~~~~~~~

ACTE PREMIER.

SCENE I.

(La scène représente le vestibule d'un palais.)

ZÉMIRE *seule, en bonnet de nuit, la tête papillotée, une petite lanterne à la main; elle entre en fredonnant :*

> Vivre loin de ses amours,
> N'est-ce pas mourir tous les jours ?

Sans confidente, hélas! que pourrai-je me dire?
Comment te portes-tu? malheureuse Zémire!
Malgré moi de mon lit il m'a fallu sortir,
Le printemps ou l'amour m'empêchaient de dormir.
Je veille quand ici tout ronfle, tout repose,
Jeune fille qui veille en sait toujours la cause.
Mon amour, cher Acerbe, a causé ton départ,

Je t'ai porté guignon, mais j'en ai pris ma part.
Mon père ne veut pas d'un parvenu pour gendre,
Il prétend m'élever, moi j'aime mieux descendre.
Tu t'oppose à mes vœux, trop orgueilleux papa,
Je puis bien te gronder, cruel! tu n'es pas là?
Foin de la qualité, soit qui voudra princesse,
A qui m'aime, je dois tendresse pour tendresse.
Acerbe, loin de toi ces lieux n'ont plus d'appas;
Qu'il est dur d'habiter où tu n'habites pas!

SCENE II.

ZÉMIRE, ACERBE.

ACERBE.

« Que vois-je ? »

ZÉMIRE.

Je te vois... la nuit... un tête à tête;
Acerbe, sais-tu bien que ce n'est pas honnête?
On pourrait en jaser.

ACERBE.

On n'en jasera pas;
Je n'en veux qu'à Persès et non à vos appas.
Si je suis découvert, il faut que je périsse,
Votre père le veut; et partout sa police
A mon signalement. Mais dans mon désespoir,
Dussé-je être pendu, j'ai voulu vous revoir,
Vous répéter combien j'abhorre votre père,
Vous peindre mon amour, ma haine, ma colère.
Ce matin, transporté du plaisir de vous voir,
J'avais auprès de vous oublié mon mouchoir;
Mais j'ai bientôt senti, dans mes tristes alarmes,
Que j'en avais besoin pour essuyer mes larmes.

ZÉMIRE.

Pleure donc, cher amant, mais pleure loin d'ici,
Si j'en avais le temps je pleurerais aussi ;
Mais tu n'y perdras rien. Ménage au moins ta vie,
C'est mon bien; de mon père évite la furie :
Sois poltron, il le faut; « épris des mêmes feux,
» On ne peut te frapper, sans nous frapper tous deux.»

ACERBE.

Eh bien! je me r'appaise, il faut vous satisfaire!
Mais avec mon amour « *j'emporte ma colère.* »
Je reviendrai bientôt, gardez-vous d'en douter ;
Je ne recule ici, qu'afin de mieux sauter.

ZÉMIRE.

Encore de la fureur! Tu menaces mon père?
Au lieu de l'emporter tu lâches ta colère?
Quoi! pas un mot galant en des momens si doux!
Attends donc pour gronder que tu sois mon époux?
Songe au rang de mon père; il occupe un grand trône,
Devant sa fille, au moins, respecte sa personne.

ACERBE.

Il se pavane bien d'un sceptre de hasard ;
Mais je l'ai défendu, ce sceptre, en vrai hussard :
« Et quand c'est la naissance ainsi qui nous l'apporte,
» Celui qui le défend, vaut celui qui le porte. »

ZÉMIRE.

« Cher Acerbe, où t'emporte » un transport furieux?
Sur ton sort, sur le mien, mon cher, ouvre les yeux.
Mon père veut, en vain, s'opposer à ta flamme;

Non d'un autre jamais je ne serai la femme ;
Et mon père aura tort : il est capricieux.....

ACERBE.

Madame, « il est enflé du rang de ses aïeux. »

ZÉMIRE.

Tout ce que tu voudras; je sais ses injustices,
Pour le fléchir rends-lui quelques petits services.
Pars ; mais pars sans rancune ; agis en bon chrétien,
A mon père, à ton roi, pour le mal rends le bien.

ACERBE.

« Ne plus te voir, Zémire ! »

ZÉMIRE.

Ah ! tu deviens trop tendre !
Tu m'oses tutoyer?.... on pourrait nous surprendre.
Adieu.

SCENE III.

ACERBE.

Ciel ! quel adieu !..... qu'il est sec et glacé !
Elle m'aime et s'en va, sans m'avoir embrassé !

SCÈNE IV.

ACERBE, JAPABAN.

ACERBE.

Mon père !....

JAPABAN.

Ma surprise est égale à la tienne.
D'où viens-tu libertin?

ACERBE.

Qu'importe d'où je vienne?
Répondez le premier : Pourquoi ce fer souillé?
Pourquoi ce trouble enfin? et quel sang a coulé?

JAPABAN.

C'est le sang de Persès, à l'instant il expire;
Il t'avait refusé la main de sa Zémire :
J'ai mis par son trépas un terme à ses refus,
A ton heureux hymen rien ne s'oppose plus.

ACERBE.

Remettez-moi ce fer, cet indice du crime?
Vous seul l'avez commis, j'en veux être victime.
« *Je suivrai* pour sortir les jardins du palais,
» *Montrant* mon bras armé du poignard de Xercès. »

JAPABAN.

Imprudent! cache-toi : va-t-en.

ACERBE.

Quelle disgrace!
Zémire, mon papa, tout le monde me chasse!

SCENE V.

JAPABAN *seul.*

Ceci ne va pas mal; et ce premier succès
M'inspire un grand espoir. Déjà plus de Persès,

Et son fils le suivra. Laissons couler ses larmes
Et celles de sa sœur! Partageons leurs alarmes :
De mon double projet assurons-nous le prix,
L'un va périr, et l'autre épousera mon fils.

SCENE VI.

ALERTE, JAPABAN.

ALERTE.

Ah! Japaban plaignez le déplorable Alerte!
Je viens de faire, hélas, une bien grande perte!

JAPABAN.

Hélas! je perds, seigneur, un bien utile ami!
Auprès du grand Persès j'ai vécu, j'ai vieilli;
Ce bon prince tenait une excellente table,
Son cuisinier était un sujet impayable.
Renvoyez, il le faut, tous ses gros intendans,
Mais gardez en bon fils le reste de ses gens.

ALERTE.

Arrangez, terminez cette importante affaire,
D'un guide, quel qu'il soit, l'appui m'est nécessaire.
Ne m'abandonnez point? Passez, sans autre avis,
De la table du père à la table du fils.

SCENE VII.

LES PRÉCÉDENS, ZÉMIRE; *elle entre en soupirant, s'arrête, soupire encore, et se laisse tomber dans les bras d'Alerte.*

ALERTE.

Ma sœur!... un mot.... Ma sœur!... dans quel trouble
vous êtes!

ZÉMIRE.

Ah! les grandes douleurs, mon frère, sont muettes!

JAPABAN.

Madame, comme vous... je souffre et je me tais;
Mais le temps calmera vos souffrances...

ZÉMIRE.

Jamais.

SCENE VIII.

LES PRÉCÉDENS, BARBEGRISE.

BARBEGRISE.

Mon prince, Japaban, et vous mademoiselle,
Je viens vous annoncer une triste nouvelle.
Persès.

ZÉMIRE.

Ah! nous savons quel coup lui fut porté?

ALERTE.

Le coupable déjà devrait être arrêté.
(*à Japaban et à sa sœur qui pleurent.*)
« Calmez-vous, le malheur, l'amitié nous rassemble,
» Pour alléger nos maux, supportons-les ensemble;
» La tendresse, les soins d'un frère, d'une sœur,
» *Le trône* à nos regrets mêlent quelque douceur;
» Et nous soulagerons ma douleur et la vôtre,
» En cherchant des secours dans les bras l'un de l'autre. »

ZÉMIRE.

Je ne vous entends pas.

JAPABAN.

Ni moi, seigneur.

BARBEGRISE.

Ni moi.

ALERTE.

Amis, votre douleur me touche, je suis roi !
Conservez à ma cour.....

BARBEGRISE.

Je commence à comprendre.

ALERTE.

Vos rangs, vos revenus...

JAPABAN.

Ah ! quelles graces vous rendre
Pour un si grand bienfait !

ALERTE.

Et toi, petite sœur,
Je n'ai point oublié les besoins de ton cœur.

ZÉMIRE.

Mon frère, par décence, il faut attendre encore.

ALERTE.

Le fils de Japaban t'est bien cher, il t'adore ;
Je règne, « et fais l'essai de mon autorité,

» En révoquant l'arrêt par mon père porté. »
Il me pardonnera ce début malhonnête,
Je veux marquer ce jour par une double fête :
Les obsèques d'un père et mon couronnement.
Je rappelle à la cour mon ami, ton amant :
De mon règne telle est la première ordonnance.

JAPABAN.

Tu comptes sans ton hôte, et gare une autre chance.

SCENE IX.

JAPABAN, BARBEGRISE.

JAPABAN.

Barbegrise, aujourd'hui tout succède à mes vœux,
Et je suis, en effet, un coquin bienheureux.
Je maltraite le père, et le fils me caresse,
S'abandonne à mes soins; et lui-même s'empresse
A rappeler mon fils, et c'est où je l'attends,
Il est fier de régner, ce n'est pas pour long-temps.
Acerbe de retour, Alerte est ma victime,
Canéjean est à moi, grace à ce nouveau crime.
Je couronne mon fils, il refuse d'abord ;
Mais je sais l'art aussi d'appaiser un remord.
Mon fils est bon enfant, à tous il cherche à plaire ;
C'était, je m'en souviens, le faible de sa mère.
Voilà par quels moyens, je veux de Canéjean
Assurer pour jamais le trône aux Japaban.
Mais avant tout, mon cher, il faut gagner la garde.

BARBEGRISE.

C'est assez, j'en suis chef, la garde me regarde ;

Elle sera pour vous et j'en donne ma foi,
Dès que vous le voudrez votre fils sera roi.
Mon intérêt le veut, et l'amitié m'inspire,
Je fus, je suis toujours du parti qui conspire.

ACTE SECOND.

SCENE I.

ALERTE, A ZÉMIRE : *ils entrent en même temps, d'un côté opposé.*

ZÉMIRE.

Eh bien, mon frère, on a découvert l'assassin ?

ALERTE.

Je m'en étais douté.

ZÉMIRE.

Nous le tenons enfin ;
Par la petite poste on vient de me l'écrire.

ALERTE.

Et quel est-il, ma sœur ?

ZÉMIRE.

On n'a pu m'en instruire ;
Vous allez le savoir : on l'amène.

ALERTE.

    Ah, tant mieux !
Pour ne pas le manquer je l'attends en ces lieux..
Sans le moindre délai, je veux le faire pendre.

ZÉMIRE.

Il ne faut pas pourtant le juger sans l'entendre.

ALERTE.

Oui, qu'il ne soit jugé qu'après être entendu,
Il n'y gagnera rien, c'est un enfant perdu.

SCENE II.

LES PRÉCÉDENS, ACERBE.

ACERBE *entre, enveloppé dans sa mante, son visage est caché; il s'avance lentement jusqu'à l'avant-scène. — Tous les regards sont fixés sur lui; il jette brusquement sa mante en arrière, se découvre; et dès qu'il a aperçu son père et Zémire, il se voile la figure de ses deux mains. — Il est enchaîné, comme on l'est au théâtre, sans être gêné dans ses mouvemens.*

ALERTE, *étonné.*

Acerbe!....

ZÉMIRE, *lentement.*

  Oh, c'est bien lui!... Trop malheureuse amante!...
Comment! m'évanouir sans fauteuil, sans suivante!...
Pour moi l'on ne fait rien; et pour comble d'horreurs,
Il faut, quoique princesse, ajourner mes vapeurs.

ACERBE, *lui présentant timidement un flacon.*

Voudriez-vous de l'eau de la reine de Hongrie?

ZÉMIRE, *le refusant sans colère.*

Ce n'est point cette eau-là qui me rendra la vie;
J'ai chez moi ce qu'il faut.

(*elle sort soutenue par un caporal.*)

SCENE III.

ALERTE, ACERBE, JAPABAN.

ALERTE.

Dois-je en croire mes yeux?
Acerbe, est-ce bien toi, dont le bras furieux
S'est levé sur mon père? Eh bien! réponds, perfide?

ACERBE.

Non, je n'ai point commis cet horrible homicide.

ALERTE.

« Quel barbare délire, au crime te poussant,
» A pu.....»

ACERBE.

Je vous l'ai dit, je suis un innocent.

ALERTE.

Un innocent! Eh quoi! tout atteste ton crime?
Qui t'amenait ici?

ACERBE.

Le guignon qui m'opprime.

ALERTE.

Ton trouble te trahit..... Je ne suis pas un sot,
Ne prétends point berner un roi Canéjeannot;
Autant que je t'aimais, va, monstre, je t'abhorre.

ACERBE.

Je suis un innocent, je le répète encore.

ALERTE.

Honore-moi du moins d'un détour moins grossier,
« Un cœur pur ne craint pas de se justifier; »
Mais ton cœur ne dit mot. Tu crains, ingrat!

ACERBE.
(se tournant vers Japaban.)
« Mon père! »

JAPABAN.

Que je le sois ou non, ce n'est plus ton affaire.

ALERTE

Je parle, tu m'entends; et sans nulle raison
Tu réponds à ton père.... Hélas! je suis trop bon!
Tout le monde le dit..... Sous les coups d'un perfide
Mon père expire, on veut la mort du parricide;
On le cherche, on le trouve, il paraît, et c'est toi,
Toi qui fut mon ami!... Je dois agir en roi:
Oui, mon premier devoir est de venger mon père,
Et je le vengerai. J'ai plus de caractère
Qu'on ne le croit ici. Tu voudras vainement
Répondre en agnelet, *je suis un innocent,*
Ce poignard te condamne, et ce terrible indice,

De tes juges bientôt éclairant la justice,
Démontrera ton crime, et tu sais ton arrêt,
Les juges, les témoins, tout sera bientôt prêt.
Au fatal châtiment rien ne peut te soustraire,
Tu l'as bien mérité.... tiens, regarde ton père !
De t'excuser lui-même il ne prend aucuns soins.
Vous vous taisez, seigneur.

JAPABAN.

Je n'en pense pas moins.
Mais, sire, j'attendais, pour rompre le silence,
Que vous ayez lancé ces grands traits d'éloquence.
Dans ce mauvais sujet je ne vois plus mon fils,
Sous les yeux de ton roi, monstre, je te maudis ;
Et pour toi, dans mon cœur, du cri de la nature,
Sans remords, sans effroi, j'étouffe le murmure.

ALERTE.

Soyez son juge.

JAPABAN.

Moi ! cet ordre est étonnant ;
Car jamais pour juger un méchant garnement
On ne commit un père ; et dans un tel grabuge,
C'est plutôt lui donner un protecteur qu'un juge.
Vous conviendrez du moins.

ALERTE.

Je ne conviens de rien.

JAPABAN.

J'accepte donc, seigneur.

ALERTE.

Et vous faites fort bien.

Vous avez pour garans un chantre d'Italie,
Trois poètes français, tous hommes de génie.
« Japaban, c'est à vous que mes droits sont transmis,
» Présidez le conseil et jugez votre fils. »
En observant les lois, soyez doux ou sévère,
Mais jugez promptement si vous voulez me plaire.

JAPABAN.

A mes pleurs, à ma voix, pourrait-il résister ?
Je veux lui parler seul.

ALERTE.

« Qu'allez vous donc tenter ?
» Vous ne fléchirez pas cet orgueil téméraire ;
» Toutefois essayez la puissance d'un père. »

JAPABAN.

Essayez : de ce mot vous vous servez souvent,
Il n'est pas poétique.

ALERTE.

Il l'est à Canéjean.

ACERBE.

Adieu donc pour jamais, trop généreux Alerte !
Je prédis que bientôt vous pleurerez ma perte.
Je pourrais découvrir ici la vérité,
Mes jours et mon honneur seraient en sûreté.
(en confidence à Alerte.)
Je ne dirai qu'un mot : contre vous on complote.

ALERTE.

Oh ! comme il m'a fait peur !

JAPABAN.

Sire, l'enfant radote.

ALERTE.

Peut-être ; mais la crainte a glacé mes esprits,
Je vais porter ailleurs ma peur et mes ennuis.

SCENE IV.

JAPABAN, ACERBE.

JAPABAN.

J'ai fait le furibond, mais c'était par grimace :
« Nous sommes seuls, viens, viens, que ton père
» t'embrasse. »

ACERBE.

Je n'aime point ces gens (je vous le dis tout haut)
Qui soufflent tour à tour et le froid et le chaud.
Retirez-vous, papa; « la mort est mon salaire,
« J'ai payé plus qu'un fils ne devait *pour* son père. »
Si je vous dois le jour, je le perdrai pour vous,
Un prince vertueux a péri sous vos coups ;
Et vous me l'avouez. Je me tais, mon silence
Couvre votre attentat. Je suis seul, sans défense,
De cet imbroglio comment me dégager ?
Vous êtes le coupable, et vous m'allez juger.
Vous triomphez enfin quand je suis seul à plaindre,
Et voulez m'embrasser pour m'achever de peindre.

JAPABAN.

Tout beau, seigneur mon fils, si j'ai fait l'hypocrite,

Je l'ai fait pour ton bien ; de ce tour dans la suite
Tu me remercieras.

ACERBE.

Non ; « trop long-temps mon cœur
» A su *se faire effort* pour sauver votre honneur. »
Vous n'avez jamais su que bonne renommée
Vaut mieux même à la cour que ceinture dorée.
Vous prétendez régner, il n'importe à quel prix,
Et pour vos beaux projets on pendra votre fils.

JAPABAN.

Non, c'est pour te sauver, enfant, que j'ai dû feindre,
J'ai dû parer la botte.... elle était trop à craindre.
Tu pouvais échapper.... mais sortant du palais
« Ton bras était armé du poignard de Persès. »
Il faut tout réparer.... « Une secrète issue,
« Pratiquée en ces lieux, et de moi seule connue, »
Pour t'éloigner bientôt....

ACERBE.

C'est un moyen usé,
Pour un vieux courtisan vous êtes peu rusé.
Mais ce moyen enfin, fût-il très praticable,
Je n'en veux pas ; car fuir, c'est m'avouer coupable.
L'honneur.....

JAPABAN.

Qu'ordonne donc cet honneur prétendu ?

ACERBE.

De rester en prison.

JAPABAN.

     Acerbe, que dis-tu ?
Ton père mieux que moi connaît tes avantages,
Il vaut mieux recevoir que rendre des hommages.
Je n'aurai désormais d'autre maître que toi,
Laisse-là ton phébus, il s'agit d'être roi.

ACERBE.

Moi, roi ! que dites-vous ? vous vous moquez de moi,
Ou vous rêvez, mon père.

JAPABAN.

     Ah, tu rêves toi-même !
Des rois Canéjeannots le noble diadème
Est sans charme à tes yeux. Ton fol entêtement
Ne pourra résister à ce seul argument :
Ton intérêt le veut. « *La tribu* malheureuse
» Accuse de ses rois la mollesse orgueilleuse ;
» Et des princes cruels..... »

ACERBE.

     Ah ! vous m'allez conter
Quelque histoire bien longue.....

JAPABAN.

     Et qu'il faut écouter
Pour ton instruction.....

ACERBE.

     Vous avez une rage
De prêcher aujourd'hui. Papa, je suis en cage,
Et ce n'est pas le cas de me faire un sermon.

Car c'est pour vous enfin que je suis en prison.
Je vous l'ai déjà dit, je ne suis point un traitre,
De Canéjean jamais je ne serai le maître.
Alerte m'aime, Alerte est et sera mon roi,
Je l'ai juré, jamais je n'ai trahi ma foi.
Il est faible, quinteux, souvent trop débonnaire,
Mais tel qu'il est, je dois......

JAPABAN.

L'oublier et te taire.
Tu ne veux pas régner....eh bien, tant pis pour toi!
Aujourd'hui Canéjean va passer sous ma loi.
Partons.

ACERBE.

Je ne puis.

JAPABAN.

Viens, ou je vais t'y contraindre.

ACERBE.

J'appelle du renfort, et vous allez me craindre.
A la garde! à la garde!

JAPABAN.

O dieux! pourquoi ce bruit?

ACERBE.
(aux soldats qui entrent.)
Caporal, conduis-moi dans mon obscur réduit.

JAPABAN.

Taquin, je t'abandonne à ton destin funeste.

ACERBE.
Je puis être pendu, mais mon honneur me reste.
(on l'emmène.)

SCENE V.

JAPABAN, BARBEGRISE.

BARBEGRISE.

« *J'épiais le moment* » où nous pourrions ensemble
Causer en sûreté ; la garde se rassemble,
Elle est à nous, seigneur, vous savez à quel prix !...
Au lieu d'être enchanté de ce que je vous dis,
Vous rêvez tout debout.

JAPABAN.

Mon brave Barbegrise,
Dans nos vastes projets il faut encore changer,
Acerbe veut mourir et ne veut pas régner.
Je dois sauver ses jours et m'emparer du trône,
Non pour lui, mais pour moi ; car j'ai l'ame si bonne,
J'aime tant ce cher fils, que sans ses fiers refus,
Sans tous ses préjugés qu'il appelle vertus,
Je l'aurais couronné. Pour l'ingrat, pour lui-même,
Je voulais envahir l'autorité suprême ;
Pour lui seul j'ai tout fait, et, sans lui, Japaban
N'eût prétendu jamais régner à Canéjean.

BARBEGRISE.

Que dites-vous ? Pourquoi ce modeste langage ?
Votre fils entre nous a beaucoup de courage,
Un grand nom, un bon cœur ; mais qu'est-ce que cela
Auprès des grands talens dont brille son papa ?
La couronne est le prix de vos nombreux services,
Canéjean va fleurir sous vos heureux auspices.
C'est languir trop long-temps dans un obscur repos,
Osez, frappez, régnez sur les Canéjeannots.

JAPABAN.

Tu flattes, patelin, tu me crois sur le trône;
Mais c'est assez parler de sceptre, de couronne.
Dis-moi, tes conjurés servent-ils mes projets?
Tu m'en parles toujours, je ne les vois jamais.
Quand on conspire, ami, point de discours frivoles,
Il faut des actions et non pas des paroles.
Pour des conspirateurs nous sommes trop bavards,
Va retrouver nos gens, sois plus discret, et pars.

(ils sortent, mais d'un côté opposé.)

SCENE VI.

ZÉMIRE.

Les voilà qui s'en vont, et je suis seule encore;
Mais je ne m'en plains, car l'ingrat que j'adore,
Acerbe, dans l'instant près de moi va venir;
L'officieux Alerte a couru l'avertir.
Mon père avait chassé mon amant; mais mon frère,
Docile et complaisant, le rappelle au contraire;
Et pour que rien ne manque à des transports si doux,
Lui-même, pour sa sœur, arrange un rendez-vous.
Ah! je sens qu'on devrait, pour le bien des familles,
Charger les garçons seuls de gouverner les filles :
Même sans être amans, ils font tout pour l'amour,
Et leurs sœurs font pour eux même chose à leur tour.
Cette mode tiendrait, elle serait fort sage,
Et la meilleure loi dure moins qu'un usage.
Il faut un noble exemple et je vais le donner,
Acerbe va paraître et je vais le tenter.
Saurai-je son secret, j'en ai quelque espérance,
Il peut avec son père observer le silence.

« Mais son cœur dans le mien va bientôt s'épancher, »
Un homme en pareil cas ne saurait rien cacher.
Tel brave d'un papa les droits et la tendresse,
Qui suit aveuglément les lois d'une maîtresse,
Fût-elle vieille, folle et quinteuse à l'excès,
Tous nos Canéjeannots sur ce point sont Français.
Mon bien-aimé revient, et je suis sous les armes,
Mon triomphe est certain, j'aurai le don des larmes.
Prenons d'abord un ton solennel, imposant.
Comme le cœur me bat... Voici mon innocent.

SCENE VII.

ZEMIRE, ACERBE.

ZÉMIRE.

Viens, l'ami ?

ACERBE.

Quoi ! c'est vous ? Excusez ma bévue,
A votre seule voix je vous ai reconnue :
Pardonnez mon désordre; en habit plus décent
Je serais venu, si.....

ZÉMIRE.

Trêve de compliment :
Sois franc, réponds : « On dit que ta main téméraire
« A levé le poignard sur le sein de mon père ? »
Dit-on vrai ?

ACERBE.

Non, madame... Eh ! que ne dit-on pas ?
« Pourriez-vous m'accuser d'un forfait aussi bas ? »

ZÉMIRE.

Je n'en suis pas certaine; et dans le fond de l'ame
Je doute....

ACERBE.

Vous doutez : ô trop aimable femme !
« Mon destin me parait moins fâcheux à présent,
» Vous m'estimez un peu, » j'en mourrai plus gaîment.

ZÉMIRE.

Cependant aux soupçons, malgré moi je m'arrête,
Ce matin n'as-tu pas, dans notre tête à tête,
Juré contre mon père et menacé ses jours :
Je n'ai point oublié tes outrageans discours.
Tu voulais tout livrer aux flammes, au pillage,
Tout le sang de mon père était peu pour ta rage;
Et ce malheureux roi fut frappé ce matin,
Si ce n'est toi, réponds : Quel autre est l'assassin ?

ACERBE.

Il n'est, vous l'éprouvez, point d'amour sans folie,
Et le nôtre, Zémire, est une frénésie.
Pour vous seule j'allais, de sujet vertueux,
Devenir un rébelle, un lâche factieux ;
Je brûlais d'ébranler, de renverser l'empire;
Sans manquer de respect au père de Zémire,
Je voulais l'attaquer les armes à la main,
Être son ennemi, mais non son assassin.

ZÉMIRE.

Ces grands mots ne sont rien ; prouve ton innocence,
J'y croirai.

ACERBE.

Le devoir me condamne au silence;
Mais un devoir sacré...

ZÉMIRE.

Le devoir, me dis-tu?
Cesse de m'alléguer ce devoir prétendu :
Tout faire pour l'objet qui doit être ta femme,
Lui prouver ton amour, justifier sa flamme,
Et par un noble aveu mériter sa bonté,
« Voilà le seul *devoir* qui *doive* être écouté. »

ACERBE.

Hélas!

ZÉMIRE.

Tu ne dis rien; tu refuses Zémire!

ACERBE.

Ah! c'est qu'apparemment je n'ai rien à vous dire.

ZÉMIRE.

Faut-il, pour te fléchir, me rouler à tes pieds?

ACERBE.

Relevez-vous, madame. Ainsi vous oubliez
Les droits de votre sexe et de votre naissance,
Et votre abaissement blesse la bienséance.

ZÉMIRE.

Graces à ce conseil, aussi franc que poli,
Mon cœur de son amour est pour jamais guéri.
Je hais cette tendresse, et froide et circonspecte,

Et ne veux pas toujours, monsieur, qu'on me respecte.
J'éprouvais mon amant ; je ne vois plus en lui,
Qu'un bavard, qu'un sournois, et qu'un héros transi.

ACERBE.

A ce brusque dépit je reconnais les femmes,
Cachez-leur un secret, l'enfer est dans leurs ames.
Si vous cédez aux pleurs, aux cris, au désespoir,
Une femme le sait, mille vont le savoir ;
Sous la foi des sermens il circule, il s'avance,
Et la ville bientôt est dans la confidence...

ZÉMIRE.

Tu te trahis. Enfin, je vois dans leur vrai jour
Tes faux traits, ton cœur faux, sur-tout ton faux amour.
Présomptueux faquin, tu voulais pour maîtresse,
Et pour épouse ensuite, une grande princesse :
Je suis fille d'un roi ! De ton lâche désir
« Voilà la juste cause : ose me démentir ? »

ACERBE.

« Croyez donc les forfaits dont le public m'accuse.
» Madame, haïssez-moi, » si cela vous amuse.

ZÉMIRE.

Quoi ! cette folle ardeur que j'éprouve pour toi,
Est-ce haine? est-ce amour? je n'en sais rien.

ACERBE.

                                           Ni moi.

ZÉMIRE.

Je ne le sens que trop, malgré moi je t'adore,
Rien ne peut appaiser le feu qui me dévore.

Un seul de tes regards désarme mon courroux ;
Mais je te punirai de n'être point jaloux.
Je cours de ce pas même, « ardente accusatrice, »
Ranimer par mes cris l'indolente justice ;
T'accuser, te poursuivre, et dans mon désespoir
M'immoler, s'il le faut, j'aurai fait mon devoir.

SCENE VIII.

LES PRÉCÉDENS, ALERTE.

Eh bien, petite sœur ! Acerbe, moins farouche,
A-t-il parlé ?

ZÉMIRE.

   Que trop ! Mais il n'ouvre la bouche
Que pour déraisonner ; il parle de devoir,
De vertus : sur l'ingrat l'amour est sans pouvoir.

ALERTE.

Je le crois innocent, quoique tu puisses dire ;
De toi, de tes rigueurs, se plaindrait-il, Zémire ?
Toi, si bonne pour tous !

ACERBE.

   « Seigneur, j'ai résisté
» A l'attrait du bonheur qui m'était présenté. »

ZÉMIRE.

Vous l'entendez, hélas ! je ne fus que trop tendre !

ACERBE.

Oh, bien tendre en effet ! elle veut me voir pendre
Et se pendre avec moi. Finissons ces débats,

Je suis coupable enfin, ou je ne le suis pas.
Toujours même propos, rien n'est plus monotone,
Soyons francs et concis, et n'ennuyons personne.
On m'accuse, seigneur, du plus grand des forfaits,
Jugez, et sauvez-moi les longueurs du procès.

ZÉMIRE.

Tu mérites cela ; tu débutes, mon frère,
En petit roitelet : de ce que tu dois faire
Il faut que l'on t'avise.

ALERTE.

    Allons donner mes soins
A rassembler bientôt les juges, les témoins.
Mais je te l'avouerai, j'éprouve quelque peine
A voir pendre un ami. Soldats, qu'on le ramène?
Notre père, Zémire, est dans le monument,
Il faut nous préparer pour mon couronnement.

ACTE TROISIÈME.

SCENE I.

ACERBE *seul*, *enchaîné*.

Ils m'ont fait condamner, et tout autre à ma place,
Innocent comme moi, pleurerait sa disgrace;
Mais je n'en ferai rien, les grands événemens

Ont des charmes pour moi. J'aime les contre-temps,
Et celui-ci me plaît. Cependant, à Zémire
Il me faut renoncer. Je puis encor tout dire ;
Un mot pourrait encor m'arracher au trépas,
La pièce finirait, je ne le dirai pas.
Quelqu'un vient.

SCENE II.

JAPABAN, ACERBE.

JAPABAN.

Mon cher fils ?

ACERBE.

Vous ici, vous mon père !
Venez-vous insulter à mon heure dernière ?
Avez-vous quelque histoire encor à raconter ?
Je ne fus jamais moins en humeur d'écouter.
Parlerez-vous encor de « la secrète issue
» Pratiquée en ces lieux, et de vous seul connue ? »

JAPABAN.

Non ; je viens te sauver, sans trop savoir comment !

ACERBE.

Soyez moins scélérat, ou soyez plus prudent.
Vous avez pour moi seul commis le plus grand crime,
Et j'en suis, malgré vous, la première victime.
Vous ne prévoyez rien : il faut subir mon sort.

JAPABAN.

Je méditais ta fuite en prononçant ta mort,
« Et je t'ai condamné sans changer de visage. »

ACERBE.

Ni d'organe sur-tout, c'eût été grand dommage.
Non, je ne fuirai pas. Que voulez-vous de moi?
« Me rendre le témoin du meurtre de mon roi;
» Car, je n'en doute pas, sa perte est ordonnée. »

JAPABAN.

On ne te l'a pas dit?

ACERBE.

Non, je l'ai devinée.

JAPABAN.
(en pressant le bras d'Acerbe.)

Enfant, suis-moi.

ACERBE.

« Cessez de me *pincer* ainsi. »

JAPABAN.

« Tu résistes en vain, tout m'obéit ici. »

ACERBE.

Dans le palais royal vous me parlez en maître;
Suis-je chez vous enfin, répondez-moi?

JAPABAN.

Peut-être.

ACERBE.

Ce peut-être m'étonne. Eh bien! je vous déclare,
Que si de ce palais vous m'arrachez, barbare,

Je n'écoute plus rien, je dis votre secret,
Tout Canéjean saura ce que vous avez fait.
Seul, vous m'avez réduit à ce moyen funeste,
Un pied de nez, mon père, est tout ce qui vous reste.

JAPABAN.

Je saurai de ta langue arrêter les effets,
Tu parleras en vain, mes soldats sont discrets.
Je doublerai ta garde; et dans mon palais même
Tu seras prisonnier.

ACERBE.

Dans ce désordre extrême,
Il vaudrait mieux pour vous que je restasse ici,
Je connais vos soldats, avec eux j'ai servi;
Et de les commander je me suis montré digne,
Ils braveront pour moi votre ordre et la consigne.

JAPABAN.

Eh bien, reste en prison! Moi je cours de ce pas,
Chercher, frapper Alerte; et par son prompt trépas,
M'assurer à la fois la vie et la couronne;
Il n'est plus de salut pour moi que sur le trône.
Et je vais.....

ACERBE.

Mon papa, mon sort est arrêté.
Dites vrai, m'aimez-vous?

ALERTE.

Que trop, enfant gâté.
N'es-tu pas le portrait de ma défunte femme?

ACERBE.

Eh bien, connaissez-moi, je ne puis vivre infâme !
Abandonnez, mon père, un complot plein d'horreur,
  (il arrache le poignard de la ceinture de son père.)
Ou ce fer à l'instant va me percer le cœur.

JAPABAN.

Ne crois pas m'effrayer par ce ton téméraire,
Tu respectes tes jours encor plus que ton père.
Au revoir....

SCÈNE III.

ACERBE *seul.*
(il met le poignard dans sa ceinture.)

  Je croyais qu'il m'allait retenir;
Mais je devais au moins l'empêcher de sortir.
Je tremble pour Alerte, en ce péril extrême
Je ne puis rien pour lui, pour sa sœur, pour moi-même.
Je gémis dans les fers, et sur tous deux, hélas!
Mon père a pu combler ses affreux attentats.
Qui peut les garantir des piéges qu'il leur dresse :
C'en est fait, j'ai perdu mon prince et ma maîtresse.

SCÈNE IV.

ALERTE, ACERBE.

ALERTE.

Acerbe....

ACERBE.

Alerte ici! Pardonnez, je croyais
Vous avoir vu tantôt pour la dernière fois.

ALERTE.

Je viens pour un moment te tenir compagnie.

ACERBE.

Quoi! vous n'êtes pas mort? Sur ce point, je vous prie,
Rassurez-moi?

ALERTE.

Pourquoi ces craintes sur mon sort?
Il est certain, mon cher, que je ne suis pas mort.

ACERBE.

Une terreur secrète en tout lieu m'accompagne,
Je n'ai fait aujourd'hui que battre la campagne.

ALERTE.

On s'en est aperçu.

ACERBE.

J'entrevois des forfaits....
Sur vos états, sur vous, veillez plus que jamais.
On menace vos jours, on menace l'empire,
Je vous l'ai dit, seigneur, contre vous on conspire.

ALERTE.

Tu le sais.

ACERBE.

Je sais tout.

ALERTE.

Eh bien, explique-toi?
Quels sont les conjurés qui s'arment contre moi?
Quel est leur chef, enfin?

ACERBE.

Je ne puis vous le dire.

ALERTE.

Je ris de ces complots, enfans de ton délire,
Et tu me fais pitié. Tu vas sortir d'ici.
Je veux, malgré tes torts, me montrer ton ami.
Mon amitié n'est pas une amitié vulgaire.
Justement accusé du meurtre de mon père,
Tu dois subir la mort que tu parais braver.
« Ton destin seul m'occupe et je viens te sauver. »

ACERBE.

Moi!...

ALERTE.

« Oui, l'amitié l'emporte en mon ame troublée,
» Ce *corridor* conduit à la porte d'Eubée. »
Va chercher loin de nous quelque docteur fameux,
Dont le rare savoir et les talens heureux
Guérissent sans retour tes accès de folie,
Sur son certificat je te rends ta patrie,
Et ton père et l'honneur.

ACERBE.

Ah! laissez-moi mourir?

Quoi! vous me pardonnez quand il faut me punir?
(il lève son poignard.)

ALERTE *le désarme.*

Tu voudrais te tuer?

ACERBE.

J'en ai par fois l'envie ;
Mais ce mal ne me prend qu'en bonne compagnie.

ALERTE, *tenant le fer qu'il vient d'arracher à Acerbe.*

« Je te crois innocent, quand l'univers entier.....
» Non, ce n'est pas là *l'ame* du meurtrier. »
Coupable ou non, je plains ta jeunesse égarée,
Tu vas errer, gémir, de contrée en contrée ;
Sans ami, sans argent, les maux vont t'assaillir.
Va, t'exiler ainsi, c'est assez te punir.
Fuis, malheureux!

ACERBE.

« Mon prince!... Ah! quel trait de lumière ? »
Je puis vous obliger; et je puis de mon père
Suspendre encore les coups, prévenir le forfait...
« Je cède à vos désirs... »

ALERTE.

Il est fou tout à fait.

ACERBE.

Vous ne connaissez pas les fureurs paternelles.
Touchez-là, vous aurez bientôt de mes nouvelles.
(il sort.)

ALERTE.

Prends l'escalier secret, et suis-le jusqu'au bout.

J'ai fait placer exprès des garde-fous partout.
Allons devant le chef de mon académie,
Répéter mon discours pour la cérémonie.

(il sort.)

SCENE V.

JAPABAN, BARBEGRISE.

JAPABAN.

Mon brave, un mot : Avant le grand événement,
As-tu su tout prévoir; et l'heureux Japaban
Verra-t-il couronner son illustre entreprise?

BARBEGRISE.

J'ai promis; il suffit. Comptez sur Barbegrise.

JAPABAN.

« Et ta main dans la coupe a versé le poison. »

BARBEGRISE.

Que ce soit moi, seigneur, un page, un échanson,
Qu'importe! le breuvage est tout prêt.

JAPABAN.

                                    A merveille.

BARBEGRISE.

Et votre dénouement, seigneur, est en bouteille.

JAPABAN.

On n'est pas plus zélé, ni plus malin que toi,
Un jour je te paierai ce que tu fais pour moi.

BARBEGRISE.

Je compte bien aussi sur quelque récompense.
> (on entend la musique du cortège.)

Il faut prendre nos rangs, le cortège s'avance.

SCENE VI.

LES PRÉCÉDENS, ALERTE, SOLDATS, PEUPLE. — *Des officiers de la maison du roi portent le bandeau, le sceptre, une coupe, et une bouteille sur un plateau. Ils se rangent de chaque côté de la scène.*

(L'orchestre exécute la marche de la cérémonie turque du Bourgeois Gentilhomme.)

ALERTE, *sans manteau, la tête découverte, et en pantoufle.*

(Les attributs de la royauté sont placés sur une table; la bouteille, la coupe et le plateau sont déposés sur l'autel.)

ALERTE, *se place au milieu du théâtre, près de l'autel.*

Il était une fois un roi, vaillant, célèbre,
(C'était papa! Voici son oraison funèbre.)
Sur les Canéjeannots, hier, avant sa mort,
Persès, le grand Persès, hélas, régnait encor !
Hier il recevait vos tributs, vos hommages;
Hier il gourmandait ses enfans et ses pages.
Ce bandeau de son front marquait la majesté.
Hier il jouissait d'une belle santé.
« Et sur ce même trône, à l'équité propice,
» Hier, encor hier, il rendait la justice. »

Hier il était roi, je le suis aujourd'hui :
C'est pour me couronner que vous êtes ici.
Je dois régner sur vous, vous en savez la cause ;
La volonté du ciel soit faite en toute chose.
« Je jure de n'user de mon autorité,
» Que pour mieux assurer votre félicité. »
Puissent les justes dieux.... Quel bruit se fait entendre!

SCENE VII.

LES PRÉCÉDENS, FLANAS.

FLANAS.

Gare.

ALERTE.

C'est vous, Flanas?

FLANAS.

Songez à vous défendre,
Sire, tout est perdu ; les mutins furieux
Marchent sur mes talons.

ALERTE.

Et contre qui? grands dieux!

FLANAS.

Contre vous ; le temps presse, évitez la tempête,
J'entends les conjurés, Acerbe est à leur tête.
Vos jours sont menacés.

SCENE VIII.

ZÉMIRE, ACERBE.

zémire, *entrant brusquement et précédant Acerbe.*

Flanas en a menti,
Acerbe est innocent, vainqueur; et le voici.
Barbegrise n'est plus : j'ai vu tomber le traître
Sous les coups des soldats armés contre leur maître,
Et qu'il avait trompés. Répentans et soumis,
Ils sont aux pieds d'Acerbe.

ACERBE.
(aux soldats.)

Ecoutez, mes amis,
Je sais combien ici vous m'êtes nécessaires,
Retirez-vous. Le prince, à mes humbles prières,
Pourra vous pardonner d'avoir bien combattu
Contre son ennemi, que vous avez vaincu.
(à Alerte.)
Eh bien! j'étais un fou, s'il fallait vous en croire?
J'oppose à vos soupçons ma dernière victoire;
Si je suis à vos yeux un perfide, un pervers,
Je me rends en prison et je reprends mes fers.

ALERTE.

Des fers! quand je te dois l'honneur et la couronne!
Plus de rancune, ami.

ACERBE.

Sire, je vous pardonne.

ALERTE.

J'écoutai les caquets; mais tu viens dans l'instant,

De montrer sans détour que tu fus innocent.
Tu ne peux m'en donner une plus forte preuve,
Et cependant j'exige une nouvelle épreuve :
Donne-moi sur l'autel un gage de ta foi,
Jure d'être honnête homme, et viens boire avec moi.

ZÉMIRE.

Ah! je ne crains plus rien, puisqu'il s'agit de boire.

ACERBE.

(à Alerte qui vide la bouteille dans la coupe.)

Sire, versez tout plein, je bois à votre gloire.
Dieux ! si je fus jamais un menteur, un poltron,
Que ce vin à l'instant me serve de poison.

JAPABAN, *troublé.*

Ne bois pas, mon enfant, c'en est, c'en est, te dis-je?

ALERTE.

Qu'avez-vous, Japaban? et quel brusque vertige!

JAPABAN.

C'en est, c'en est, mon fils! garde-toi d'y toucher?
Et voici le secret que je voulais cacher.
Oui, défunt Barbegrise, un échanson, un page,
Par mon ordre ont osé frelater ce breuvage.

ACERBE.

(remettant la coupe sur l'autel.)

Expliquez-vous, ceci mérite attention.

JAPABAN.

Oui, j'ai frappé Persès. De la rébellion
    (à Alerte.)
Je suis encor l'auteur. Je brave ta vengeance,

Et Japaban n'est pas encore en ta puissance.
Tes soldats sont gagnés. Camarades, à moi.

ACERBE.

Je savais les complots de ces lâches esclaves,
Et comme un étourdi j'ai renvoyé mes braves.
(à son père.)
Arrêtez, que le fer tombe de votre main,
Ou ce vin, quel qu'il soit, va passer dans mon sein.

JAPABAN.

Insensé ! que dis-tu ?

ACERBE.

Si vous osez poursuivre,
Si vous frappez le roi, j'aurai cessé de vivre.
Bas le fer une fois, abas le fer deux fois,
Vous n'avez plus de fils si je vais jusqu'à trois ;
Et je vide la coupe.

JAPABAN.

Arrête ; et de mon crime
Je dois seul me punir. Ciel ! reçois ta victime !
(il veut se poignarder.)

ACERBE.
(le désarmant.)

Est-ce pour tout de bon ?

JAPABAN.

Oui, j'y suis résolu.
Tout est changé pour moi, le prince n'a pas bu.
Je ne puis, sans mourir, garder mon caractère.

ACERBE.

Vivez, espérez tout d'un roi si débonnaire.

ALERTE.

Nous verrons. Toi ma sœur, sans aucune raison,
Quel bruit n'as-tu point fait, au palais, en prison?
Je sais ton mal, il faut qu'enfin j'y remédie,
Avec ce jeune ami tu brûles de t'unir.
Que cet hymen soit donc ta dernière folie :
C'est ainsi qu'au théâtre il faut toujours finir.

ZÉMIRE.

Grand merci pour tous deux. Mais dans ce jour prospère,
Me condamneriez-vous à pleurer mon beau-père?

ALERTE.

Eh! laisse-là tes pleurs? sois satisfaite; et toi
Ne vois plus, mon ami, qu'un frère dans ton roi.

ZÉMIRE.

On cherche dans les tragédies
De grands traîtres, de grands tyrans;
Mais les héros de parodies
Sont toujours de bien bonnes gens.

FIN.

OPINIONS DIVERSES

SUR LA TRAGÉDIE

D'ARTAXERCE,

DE M. DELAVILLE,

Publiées dans les Journaux de Bordeaux.

L'HISTOIRE ancienne d'Orient offre peu de sujet aussi dramatique qu'Artaxerce. Plusieurs poètes français et étrangers ont mis en scène cet épisode du règne de Xercès. L'un de nos grands tragédiens, Crébillon, l'a traité avec succès. M. Delrieu l'a récemment donné à la comédie française; et sa pièce a eu les honneurs de l'admission au concours des grands prix décennaux. C'est en puisant dans la même source, que M. Delaville a fait sa nouvelle et première tragédie.

C'est un événement assez extraordinaire, qu'une première représentation de tragédie sur un autre théâtre que celui de la Capitale. Un pareil début devait piquer la curiosité publique; la foule s'y porta. La pièce a été écoutée avec beaucoup d'attention. Des bravos, des applaudissemens bien flatteurs se sont faits entendre : c'est l'ouvrage d'un jeune homme, et son début dans la carrière dramatique. Séduit par les beautés de la tragédie de Métastase, il a suivi le même plan, et s'est le moins possible éloigné de son modèle. C'est une imitation libre du chef-d'œuvre du tragique Italien. On ne peut exiger d'un auteur aussi jeune, que le germe et non la maturité du talent. Est-il vraiment poète? On ne peut en juger quant à l'invention; la marche de son ouvrage, le dessin de ses caractères, la distribution de son plan, appartiennent à Métastase. Son style a souvent cette énergie, cette chaleur d'expression, et même ces écarts qui caractérisent un jeune versificateur. Pour donner à son ouvrage l'étendue convenable, il a développé des situations et des pensées que Métastase n'avait fait qu'indiquer. Il est impossible d'établir un jugement certain sur ce point, sans avoir lu l'ouvrage; et il n'est pas encore imprimé. Nous attendrons qu'il le soit, pour le comparer à celui de M. Delrieu, qui nous paraît mériter la préférence.

Si l'on en excepte Voltaire, les premiers ouvrages de nos grands poètes tragiques n'étaient que de timides essais, qui ne sont pas même restés au répertoire. Il y a loin d'Alexandre et de la Thébaïde, à Phèdre et à Athalie; et on ne pouvait deviner le génie de Corneille dans ses premières productions dramatiques.

Peu d'auteurs ont obtenu, dès leur entrée dans cette périlleuse carrière, un succès aussi marqué que M. Delaville. C'est beaucoup, sans doute, que d'avoir, malgré l'inexpérience du jeune âge, produit un poème estimable dans un genre aussi difficile.

On doit à l'auteur des encouragemens, et même des éloges; mais un engouement irréfléchi nuirait au développement de ses talens, en exaltant son amour-propre. On ne pourrait, sur une première représentation, donner que des avis très hasardés. Nous réservons pour un autre numéro l'analyse raisonnée de la nouvelle tragédie. Ce jeune écrivain honore son âge et son pays : son ouvrage exigeait une réunion d'acteurs également distingués; plusieurs rôles importans ne peuvent être bien rendus que par de grands talens. Il ne s'est point sans doute dissimulé ces difficultés. Le séjour de M. Joanny à Bordeaux, a été une bonne fortune pour sa pièce et pour le public. Ce tragédien a bien saisi le rôle difficile d'Arbace ; il a eu des momens d'inspiration vraiment admirables, sur-tout dans les trois derniers actes. Le dernier, pour lequel l'auteur n'avait réservé que l'épisode de la coupe empoisonnée, est trop chargé de déclamation parasite : on a même remarqué des répétitions de pensées et même d'expressions, qu'il eût été facile d'éviter.

L'acteur, chargé de l'emploi de jeune premier, était trop faible pour le rôle d'Artaxerce; il a été distribué à M. Suleau, qui s'est trop méfié de ses moyens; il aurait pu le jouer avec plus de noblesse, plus de chaleur et plus d'aplomb. Madame Damas n'a pas assez nuancé le rôle de Sémire ; les passions les plus opposées, les plus vives, exaltent et tourmentent tour à tour Sémire. Il est sans doute difficile d'exprimer ces savantes transitions ; mais ces difficultés ne sont pas au-dessus du talent de madame Damas. Malgré la chaleur de son débit, les développemens forcés de sa voix, M. Humbert n'a pu produire aucun effet dans le rôle d'Artaban ; sa déclamation hachée est d'une fatigante monotonie.

Après la pièce on a demandé l'auteur : le régisseur a paru, et a nommé M. Delaville. Les bravos, les cris *l'auteur*, *l'auteur*, ont redoublé, et M. Joanny l'a amené : il s'est dérobé promptement aux honneurs d'un triomphe aussi flatteur que mérité.

(*Extrait de l'Écho, du 5 Juillet* 1810.)

———

Les coups d'essai de nos premiers poëtes tragiques, si l'on en excepte Voltaire, furent moins heureux que celui de M. Delaville. Corneille donna, postérieurement à ses chefs-d'œuvres, plusieurs pièces qui n'ont été conservées que par respect pour son nom. L'auteur de *Britannicus* débuta par *la Thébaïde*, que l'on ne joue point depuis fort long-temps ; et Crébillon se lança dans la carrière par *Idoménée*, qui ne se trouve plus sur le répertoire des comédiens. Nous ne savons pas, il est vrai, quelle destinée est réservée à la première tragédie de M. Delaville ; mais si un sujet éminemment tragique, si un intérêt bien soutenu, si une action bien développée et bien conduite, si des caractères bien tracés, bien distincts, si une poésie brillante, si un style pur, correct et à la hauteur du sujet ; si, disons-nous, tous ces avantages, toutes ces qualités réunies suffisent pour faire une bonne tragédie et pour en assurer le succès, il n'est pas douteux que l'*Artaxerce* de M. Delaville ne soit accueilli constamment et en tous lieux, avec les mêmes transports d'admiration qu'il excita avant-hier soir au Grand-Théâtre, devant une assemblée aussi nombreuse que bien choisie.

En faisant choix du sujet qu'il a traité, M. Delaville avait de grands écueils à redouter. Avant lui, plusieurs poètes, parmi lesquels se trouvent Crébillon et Lemierre, avaient tenté de transporter sur la scène française l'opéra de Métastase ; et M. Delrieu fit jouer, il y a deux ans, sa tragédie d'*Artaxerce*, qui obtint un grand succès. Pour réussir complètement, il ne suffisait donc pas que M. Delaville fît un bon ouvrage, il fallait encore qu'il surpassât tous les auteurs, sans exception, qui ont traité le même sujet que lui ; et personne, sans doute, ne sera tenté de lui disputer cette supériorité, lorsqu'on connaîtra toutes les beautés qu'il a répandues dans sa pièce. Essayons d'en donner une idée.

Xercès, roi de Perse, vient d'exiler *Arbace*, parcequ'il a osé porter ses vœux jusques à la fille de son souverain. Ni la valeur, ni le courage, ni la vertu de ce jeune guerrier n'ont pu fléchir le courroux du prince : *Arbace* est contraint de quitter *Sémire* qu'il adore, et dont il est aimé. Il ne peut résister toutefois au tendre désir de la voir encore, de lui renouveler les témoignages de sa tendresse ; il pénètre, pendant la nuit qui a suivi l'ordre de son exil, dans le palais ; il reçoit les sermens de sa maitresse, et il va dérober sa tête aux coups dont il est menacé, lorsque son père, le cruel *Artaban*, le rencontre, et ne peut lui déguiser le trouble qui le presse : il est armé d'un fer sanglant ; il a vengé l'injure de son fils, il vient de poignarder *Xercès*. *Arbace*, glacé d'horreur, oublie son propre danger pour ne songer qu'à celui de son père ; il lui arrache l'arme meurtrière et sort épouvanté. Ici, *Artaban* dévoile toute la noirceur de ses projets ; et, dès les premières scènes (car l'assassinat est commis au premier acte), l'action commence

Cependant *Artaxerce* pleure sur la mort de son père. Il a donné des ordres pour découvrir l'assassin, et le premier acte de son autorité est en faveur de son ami *Arbace*, qu'il fait rappeler.

Au second acte, *Artaban* s'ouvre tout entier devant *Mégabise*, son confident. Ce n'est point sur sa tête qu'il veut placer la couronne, c'est son fils qu'il veut élever au trône. Tout semble concourir au succès de ses vastes entreprises. La garde du prince est sous les ordres de *Mégabise*; *Arbace* est chéri du peuple et des soldats; et *Artaxerce* se repose sur *Artaban* du soin de guider ses premiers pas sur le trône qu'il va occuper.

Tandis que le roi, impatient d'embrasser *Arbace*, cherche des consolations dans le plaisir qu'il aura de revoir son ami, le compagnon de son enfance, *Sémire* vient annoncer qu'on a découvert l'assassin:

> Il cherchait à sortir des jardins du palais;
> Son bras était armé du poignard de Xercès.

Il est arrêté : on le conduit devant le roi, et c'est *Arbace* lui-même qui est accusé. A son aspect *Sémire* tombe évanouie dans les bras de ses femmes : on l'entraîne. *Artaxerce* est au comble du désespoir, et *Artaban* frémit.

Tout semble accuser *Arbace* et prouver sa culpabilité; il ne répond que par ces mots : *Je suis innocent*. En vain *Artaxerce* le presse de se justifier; on ne peut le contraindre à rompre le silence absolu qu'il s'obstine à garder. Le roi, espérant qu'un père aura peut-être plus de pouvoir, consent à laisser *Artaban* seul avec son fils, et se retire.

Alors *Artaban* fait part à *Arbace* des desseins qu'il a conçus; mais rien ne peut ébranler sa vertu; il aime mieux mourir que de tremper dans les complots de son père. Celui-ci, irrité de ses refus, veut en vain employer la violence pour favoriser la fuite de son fils. Ce fils vertueux appelle lui-même la garde, et sort en disant :

> Votre fils va périr, mais sa vertu lui reste.

Au troisième acte, on fait encore de nouvelles tentatives auprès d'*Arbace* : *Sémire* se jette à ses pieds pour qu'il nomme le coupable; elle lui avoue même, malgré la douleur amère que lui cause la perte d'un père, que s'il parvient à prouver son innocence, il peut aspirer à sa main. Cette tentation n'ébranle point sa constance; les larmes de l'amitié, les prières de l'amour n'ont aucun pouvoir sur son âme : sauver la vertu de son père est son premier devoir. C'est ce père barbare qui est désigné pour présider le conseil, et il va porter lui-même la sentence mortelle.

Au quatrième acte, *Arbace*, condamné, est en prison, et son père vient une fois encore renouveler ses instances. S'il ne consent à monter au trône, *Artaban* place la couronne sur sa tête : rien ne peut plus sauver *Artaxerce*; il court l'immoler. *Arbace*, réduit au plus affreux désespoir, pleure sur le crime de son père et sur le sort de son roi. Il le croit déjà tombé sous les coups des assassins, lorsque *Artaxerce* lui même se présente à ses yeux. Malgré l'apparence, il ne peut penser qu'*Arbace* soit en effet coupable, il vient lui offrir les moyens de fuir : celui-ci refuse d'abord; mais bientôt, songeant qu'il peut sauver les jours de son roi, de son ami, il accepte le secours qui lui est présenté.

Au commencement du cinquième acte, *Mégabise* annonce à *Artaban* que le peuple, les soldats, la garde du roi sont gagnés; il a versé le poison dans la coupe sacrée sur laquelle *Artaxerce* doit prêter le serment d'usage; et, après une scène entre *Artaban* et *Sémire*, le roi vient, accompagné des satrapes, des mages, jurer sur cette coupe qui va porter la mort dans son sein. Un officier du palais annonce que le peuple a pris les armes, et qu'*Arbace* est à la tête de la rébellion. Bientôt après cependant, *Sémire* accourt : *Arbace* n'est point coupable de ce nouveau crime; à son aspect, au contraire, les mutins sont dispersés, et *Mégabise*, qui excitait leur audace, est percé de mille coups. *Arbace* se présente lui-même au roi, et offre de reprendre ses fers s'il n'est pas assez justifié. Le ciel lui offre une voie pour attester encore son innocence; il va jurer sur la coupe sacrée, lorsque son père, effrayé de ce nouveau danger, arrête son fils, et dit au roi :

> Eh bien! il n'est plus temps de rien dissimuler,
> Le danger de mon fils a glacé mon courage!
> Cruel! j'avais versé ta mort dans ce breuvage!

Il dévoile toute la trahison, et donne le signal aux conjurés, qui sont prêts à frapper, lorsque *Arbace* saisit la coupe empoisonnée, et s'écrie :

> Barbare, que ce fer tombe de votre main,
> Ou ce breuvage affreux va passer dans mon sein.

Ce dernier coup confond *Artaban*; il se poignarde, et les conjurés tombent aux pieds de leur maître.

Nous sommes forcés de renvoyer à un autre article des détails sur les grandes beautés qui ont été remarquées dans cet ouvrage. Nous aurons aussi quelques observations critiques à adresser à l'auteur, qui, jeune encore, a donné de si belles espérances, et dont les premiers pas sont marqués par des succès si glorieux.

Nous ne finirons pas cependant sans accorder aux artistes qui ont concouru à l'ensemble de cet ouvrage, les éloges qu'ils ont droit d'attendre. M. Joanny a été sublime dans le personnage d'*Arbace*; les expressions nous manquent pour apprécier le grand talent qu'il y a déployé. Il a été fort bien secondé par les autres acteurs; et, en attendant que nous puissions plus particulièrement signaler leur mérite et leur zèle, nous nous bornerons à dire que Mme Damas, MM. Humbert, Suleau et Buée méritent chacun un juste tribut d'éloges, que nous ne manquerons pas de leur adresser.

(Extrait de l'Indicateur, du 5 Juillet 1810.)

Nous avons annoncé, dans notre premier article, que l'ouvrage de M. Delaville était supérieur à tous ceux qui avaient paru jusqu'à ce jour sur le même sujet; il nous reste à le prouver.

La Serre, Magnon, l'abbé Boyer, Bursay et Deschamps, ont fait chacun une tragédie d'*Artaxerce*, que nous ne mettrons point en ligne de comparaison. L'oubli dans lequel ces ouvrages sont plongés est la mesure de leur mérite. Le *Xercès* de Crébillon, joué en 1714, n'eut qu'une seule représentation ; et, après la pièce, l'auteur demanda aux acteurs leurs rôles, et les jeta au feu devant tout le monde, en disant : « Je me suis trompé ; » le public m'a éclairé. » Crébillon avait moins que tout autre, d'ailleurs, suivi le plan de Métastase, qui est la source de tous les *Artaxerce ;* et, de quelle manière qu'on l'envisage, sa tragédie ne peut être mise en parallèle. Si l'on en excepte ceux qui ont traduit littéralement, ou à peu près, le poëte italien, Lemierre, et celui qui a suivi le plus exactement le plan de Métastase ; et, comme M. Delaville s'est rapproché aussi, le plus qu'il a pu, de l'original, il en résulte que sa tragédie, considérée sous le point de vue de la marche de l'ouvrage, a plusieurs rapports avec celle de Lemierre; mais, pour cela, il n'en faut pas conclure que M. Delaville ait copié ce dernier en aucune façon, puisque tous les endroits où l'on peut remarquer quelques ressemblances dans la situation des personnages, sont également imités de l'auteur Italien. Le dénouement, par exemple, est le même, à cette seule différence près, que chez Lemierre, comme chez Métastase, *Artaban* ne se tue point, et chez M. Delaville, au contraire, il se poignarde à la fin. Certes, tout le monde conviendra que ce personnage ne peut faire autrement dans la position où il se trouve : c'est *Artaban* qui a assassiné *Xercès*, c'est aussi lui qui a voulu empoisonner *Artaxerce*; ces crimes une fois dévoilés, il fallait nécessairement, et sous le rapport de la morale, et sous le rapport de la régularité et de l'usage, que le coupable reçût le prix de tous ses forfaits.

D'un autre côté, Lemierre a conservé l'épisode de *Darius*. M. Delaville ayant senti que cet épisode détournait un moment l'attention des spectateurs de l'action principale, et jetait quelque chose de défavorable sur le caractère d'*Artaxerce*, l'a entièrement supprimé.

Quoi qu'il en soit, d'ailleurs, de la conduite des deux pièces, c'est dans l'original que les deux auteurs l'ont puisé; et l'on ne peut reprocher à l'un d'avoir imité l'autre.

Veut-on qu'entraîné par la force des mêmes situations, M. Delaville se soit emparé de quelques idées qui se trouvent dans la tragédie de Lemierre? Une seule comparaison suffira pour le justifier. Le passage que nous allons citer est adressé à *Mégabise* par *Artaban*, qui vient de déclarer que c'est son fils et non lui-même qu'il veut couronner; et, sur les observations qui lui sont faites par son confident, voici ce qu'il répond :

Oui, j'ai su vaincre, ami; mais la faiblesse et l'âge,
Des camps, depuis long-temps, éloignent mon courage.
Le peuple rarement tient compte du passé,

Chez lui le souvenir est bientôt effacé.
Pour être constamment l'objet de son ivresse,
Il faut le captiver et l'étonner sans cesse :
Et c'est perdre le fruit d'une grande action,
Que laisser reposer son admiration.
Mon fils, jeune et vainqueur, de ce peuple frivole,
A son tour maintenant est devenu l'idole.
Les Persans, par l'amour se laissant entraîner,
Reconnaîtront le roi que je leur veux donner.
Que te dirai-je, enfin ? Quand je pourrais moi-même
Parvenir, sans danger, à la grandeur suprême,
Qu'est-ce que de régner pendant quelques instans ?
Fatigués de mon joug, les volages Persans,
Peut-être après ma mort détruisant mon ouvrage,
Raviraient à mon sang un si bel héritage.
Arbace, méprisé, ne serait à leurs yeux
Que le fils d'un tyran et d'un vil factieux ;
Et mes derniers neveux, comptables de ma vie,
Seraient couverts par moi de honte et d'infamie.
Non, non, la politique, en cette occasion,
M'éclaire et sert de guide à mon ambition.
Être roi, ce n'est point assez pour mon audace,
Je prétends assurer la couronne à ma race.
Mon fils peut seul ici régner paisiblement,
Sa jeunesse ôtera l'espoir d'un changement ;
Et je saurai, pour mieux affermir son empire,
Légitimer ses droits par l'hymen de Sémire.
De la fortune ainsi prévenant les retours,
Les honneurs et la gloire embelliront mes jours :
Ainsi, le monde en moi ne verra plus un traître,
La Perse honorera le père de son maître.
Parmi les plus grands noms, mon nom sera compté,
Et parviendra sans tache à la postérité.

Qu'on lise maintenant ce que Lemierre fait dire à *Artaban* (acte 1er., scène 3e.), et l'on verra quelle énorme différence il y a, non seulement dans le style, mais combien aussi les idées de M. Delaville sont grandes et profondes à côté de celles de Lemierre.

On peut, puisque la nouvelle pièce est imprimée, comparer de cette manière tous les passages que l'on soupçonne semblables entre eux, et l'on sera convaincu de la supériorité de M. Delaville. Quant à la versification de son ouvrage, personne, assurément, ne sera tenté d'établir aucune sorte de comparaison. Tout le monde sait combien les vers de Lemierre sont durs et rocailleux; et, en lisant M. Delaville, on ne lui disputera pas une poésie noble, facile et correcte.

Il nous reste maintenant à établir un rapprochement entre la nouvelle tragédie et celle de M. Delrieu. Dans l'ouvrage de ce dernier, l'action ne commence véritablement qu'au troisième acte; les deux premiers sont vides, et servent seulement à préparer la catastrophe de la mort de *Xercès*. M. Delaville, au contraire, a commencé sa pièce par l'assassinat du roi; et, dès les premières scènes, *Arbace* inspire le plus vif intérêt, et *Artaban* a dévoilé ses projets. La grande difficulté était de soutenir pendant cinq actes cet intérêt puissant, et M. Delaville y est parvenu. Son *Arbace* a quelque chose de plus grand, de plus noble que celui de M. Delrieu.

Nous opposerons à la belle scène du jugement l'acte entier de la prison : cet acte est à peine indiqué dans Métastase, et tout le mérite en est dû à M. Delaville. Quant aux grands effets tragiques qui se trouvent chez M. Delrieu, ils sont également bien combinés dans la nouvelle pièce; et c'est précisément dans la combinaison de ces effets, que M. Delaville a trouvé le moyen de vaincre la difficulté de soutenir l'action pendant cinq actes.

Mandane a éprouvé la censure de tout le monde; et si *Sémire* éprouve aussi quelques critiques, il sera facile, au moyen de quelques corrections, d'en faire un beau personnage.

Artaban conserve, dans les deux ouvrages, le même caractère, et il est également très bien développé dans les deux pièces. *Artaxerce* se trouve dans des situations à peu près semblables.

Le dénouement de M. Delrieu est très beau, et il lui appartient; celui de M. Delaville est aussi d'un très grand effet, et il est imité de Métastase. En mettant cette considération dans la balance, M. Delrieu aura, sans doute, le mérite de l'invention. Enfin, si on ne voulait accorder aucune supériorité à M. Delaville, ni sous le rapport du plan, ni sous le rapport des caractères, au moins conviendra-t-on que les personnages s'expriment autrement chez lui que chez M. Delrieu : on sait que le style de ce dernier est la partie faible de son ouvrage.

En résultat, nous voyons, d'un côté, deux actes vides d'action, une versification médiocre, et un caractère manqué; de l'autre, nous remarquons, au contraire, que ces taches n'existent point, et que le style est la partie brillante de l'ouvrage. Certes, en pesant toutes ces considérations, et en jugeant sans partialité, tout le monde conviendra que M. Delaville mérite la préférence.

Nous renvoyons l'examen particulier de l'ouvrage à un troisième article.

(*Extrait de l'Indicateur, du* 9 *Juillet* 1810.)

Euterpe pâlit devant Melpomène......

Le public, d'abord partagé entre *Artaxerce* et *Cendrillon*, paraît préférer la grande catastrophe de l'empire persan à la petite aventure de la pantoufle verte. Cette préférence est réfléchie, car M. Joanny est sur le point de partir; et, après lui, plus d'acteur tragique à Bordeaux, et plus de tragédie : par conséquent plus d'Artaxerce; et on est pressé de jouir d'un plaisir dont on pressent la très prochaine et inévitable privation.

Avant d'examiner la tragédie de M. Delaville, il n'est pas inutile de jeter un coup d'œil sur les autres poètes français qui ont traité du même sujet. Je me bornerai à Crébillon, à Lemierre et à Delrieu.

Les autres, sans en excepter l'abbé Pellegrin, sous le nom de Tissot, ne présentent rien d'intéressant.

Crébillon intitule sa tragédie *Xercès*, et *Xercès* meurt au premier acte, après avoir paru assez de temps pour prouver son existence. *Artaban* aspire au trône; et, pour y parvenir, il cherche à diviser entre eux les deux fils de *Xercès*, *Artaxerce* et *Darius*; il accuse ce dernier de l'assassinat de *Xercès*. L'amour lui fournit un nouveau et puissant moyen de détruire l'un par l'autre les deux héritiers du trône; mais cette intrigue trop compliquée se débrouille difficilement. Cependant l'action principale marche avec méthode, et se développe avec un intérêt qui serait plus vif, s'il n'était partagé. *Artaban* conserve son caractère ambitieux et féroce : rien n'affaiblit l'horreur qu'inspirent ses forfaits; c'est pour lui seul qu'il veut le trône de la Perse.

Lemierre s'est tracé un plan plus théâtral et mieux combiné; l'intrigue est plus simple, *Arbace* est le véritable héros : brave, sensible, vertueux, tel que l'ont peint depuis MM. Delrieu et Delaville. Dès la première scène, *Artaban* paraît les mains teintes du sang de *Xercès*; il est rencontré par *Arbace*, qu'il croyait loin de lui; le début est vraiment dramatique. *Arbace* arrache à son père le fer, témoin muet de son crime; il sort. *Artaban* dévoile à *Mégabise* son plan, ses projets ambitieux; l'intrigue se noue, se développe avec rapidité. *Emirenne,* sœur d'*Artaxerce,* amante d'*Arbace,* soupçonne *Artaban;* elle connaît son ambition effrénée; elle ne peut croire coupable d'un épouvantable assassinat cet *Arbace,* que la Perse entière estime, le meilleur ami de son frère, et son amant adoré. *Emirenne,* dans cette situation, intéresse; elle peut désirer la mort de l'assassin de *Xercès* son père, sans cesser d'aimer *Arbace.* M. Delrieu et M. Delaville auraient dû imiter Lemierre, donner à la sœur d'*Artaxerce* les mêmes sentimens; ils ne l'ont point fait: et en s'écartant tous deux de la nature et de la vérité, ils n'ont fait de cette princesse qu'un personnage qui dit et agit souvent à contre-sens.

Un dénouement amené par un récit est toujours froid; celui de la tragédie de Crébillon est loin de produire le même effet que celui de Lemierre, qui est tout en action.

Le dénouement de l'*Artaxerce* de M. Delrieu est un des plus beaux que l'on puisse citer; il est vraiment original; il ne peut être inférieur qu'à celui de Rodogune.

La tragédie de M. Delaville est-elle la meilleure que nous ayons sur ce sujet? Une pareille question est d'une solution facile. Nul doute que, pour la sagesse du plan, l'ordonnance générale de l'ouvrage et la pureté du style, M. Delrieu ne soit supérieur à Crébillon et à Lemierre, et qu'il ne doive, sous les mêmes rapports, l'emporter sur M. Delaville.

Les deux premiers actes de l'ouvrage de ce jeune poëte sont bien tracés; son exposition est claire, précise; l'action s'annonce, s'engage, se déroule avec chaleur et facilité. Au troisième acte, le mouvement est moins animé, moins rapide : cet acte n'offre qu'une répétition des mêmes incidens; l'intrigue ne fait pas un pas de plus. Au quatrième acte, le jeune auteur a mis en action ce que M. Delrieu n'avait mis qu'en récit : cet acte et ses deux premiers sont les meilleurs de l'ouvrage. *Arbace* dans les fers, prêt à paraitre devant ses juges, et sous l'influence d'une terrible prévention, assuré d'une condamnation inévitable et non méritée, inspire le plus vif intérêt; ses juges et ses bourreaux l'attendent : un mot peut l'absoudre; mais ce mot flétrirait l'honneur de son père; et les larmes de l'amour, de l'amitié, de la nature, l'ambition même, rien n'ébranle sa vertu : tels sont les tableaux vraiment admirables que présente ce quatrième acte, dont l'idée n'est pas d'un poète ordinaire. Ces tableaux n'ont pas la sublime perfection du génie dans sa force et sa maturité; mais que peut-on exiger d'un écrivain aussi jeune, et d'un début aussi hasardeux? d'heureuses dispositions et des espérances; et M. Delaville tiendra sans doute un jour tout ce qu'il promet.

Le cinquième acte doit être le plus animé, l'action doit marcher avec un intérêt toujours croissant : c'est le plus faible peut-être de la tragédie de M. Delaville. *Arbace* est sorti de sa prison pour sauver le prince et l'ami à qui il doit sa liberté; il a rallié un parti puissant; il s'avance à la tête de ses braves pour sauver *Artaxerce* des piéges d'*Artaban* et de ses complices, et il entre au palais : il y trouve *Artaban* son père, entouré de ses partisans, et il renvoie la troupe qu'il avait amenée pour s'opposer à leur coupable entreprise. L'auteur prétendra-t-il qu'*Arbace*, vainqueur et redemandant ses fers, devait paraitre sans armes et sans suite? Il le devait, sans doute, mais après avoir sauvé *Artaxerce*; et c'est lorsqu'il le trouve au milieu des conspirateurs, qu'il le laisse isolé. La scène de la coupe est trop prolongée; *Artaban* doit laisser tomber son poignard dès qu'*Arbace* saisit la coupe. Le dénouement de la tragédie de Lemierre est absolument le même; mais il est plus animé :

.... Frémissez, inhumain!
Vous m'aimez, ce poison va passer dans mon sein!

Artaban ne répond que quelques mots; le fer échappe de sa main. Dans M. Delaville c'est la même pensée :

Barbare, que ce fer tombe de votre main,
Ou ce breuvage affreux va passer dans mon sein.

Mais *Artaban* répond par une tirade avant de se tuer.

Pour rectifier son dénouement, il n'en coûterait à M. Delaville que le sacrifice de quelques vers au moins inutiles.

(*Extrait de l'Echo*, du 10 Juillet 1810.)

L'auteur de la nouvelle tragédie n'ayant presque rien créé dans son ouvrage dont le plan, les caractères et les incidens appartiennent à ceux qui, avant lui, avaient traité le même sujet, il ne reste plus qu'à examiner s'il les a surpassés, ou du moins égalés par sa manière d'écrire. Tel est l'objet de ce troisième article.

Il ne faut pas exiger, dans un premier essai, une correction, une pureté d'expression parfaite, un plan hardi et savamment ordonné. On doit pardonner quelques écarts à l'impatience d'un jeune talent qui se trahit par des irrégularités même; mais M. Delaville a souvent encore besoin d'une autre sorte d'indulgence.

Une courte et modeste préface, sous le titre d'*Avis au lecteur*, précède sa tragédie. Une seule citation suf-

fira pour faire juger de son ton et de son style en prose.
Il dit, en parlant de l'*Artaxerce* de M. Delrieu : « Il me
» serait infiniment pénible *qu'on* pût penser *que* c'est le
» succès de cet ouvrage qui m'a déterminé à traiter le
» même sujet, et *que* j'ai eu, par conséquent, la pré-
» somptueuse témérité de croire *que* je pouvais faire
» mieux *que* son auteur. » Cette manière d'écrire est au
moins très négligée ; c'est avec plus de modestie que de
vérité, que l'auteur attribue le succès de son ouvrage au
talent des comédiens. M. Joanny, madame Damas, ont
droit à des éloges et à sa reconnaissance ; mais il serait
bien fondé à montrer quelque mauvaise humeur contre
les autres.

Les deux premiers actes sont plus soignés que les sui-
vans : on y remarque quelques morceaux écrits avec beaucoup de verve et de correction. En signalant les endroits
dignes d'éloges, je ferai remarquer quelques-unes de ces
incorrections, qu'une plume plus exercée aurait sans
doute évitées.

Sémire ouvre la scène ; elle est seule ; elle se parle et
se répond tour à tour :

>Pourquoi quitter sitôt ton lit baigné de pleurs !
>Errante en ce palais, crois-tu fuir tes douleurs !
>*Non, je suis* par mes maux en tout lieu poursuivie.

C'est ensuite à *Arbace* absent qu'elle s'adresse. L'auteur a voulu sans doute animer, par les apostrophes, son
premier et trop long monologue ; mais cette sorte de figure ne doit être hasardée que rarement. Racine, le plus
correct, le plus harmonieux de nos poètes, ne l'emploie
que deux fois dans son *Andromaque*, au premier acte :

>Non, vous n'espérez plus de nous revoir encor,
>Sacrés murs que *n'a pu* conserver mon Hector.

Au troisième acte :

> Pardonne, cher Hector, à ma crédulité !
> Je n'ai pu soupçonner ton ennemi d'un crime.

Et le souvenir d'Ilion et d'Hector occupait toutes les pensées, tous les instans d'Andromaque. L'apostrophe trop prodiguée ne produit plus d'effet ; elle charge le discours au lieu de l'animer ; et il est peu de scènes dans la tragédie de M. Delaville, où cette figure ne soit très souvent répétée.

Arbace est exilé pour avoir osé prétendre au cœur et à la main de *Sémire*. On aime à lire ces vers, qui peignent avec vérité la situation de cette princesse :

> Hélas ! si nous devons, dans le rang où nous sommes,
> Demeurer étrangers aux passions des hommes,
> Que le titre de roi, la pourpre, les honneurs,
> Du poison de l'amour *préserve* donc nos cœurs.

Arbace paraît enfin. Pendant tout le cours de la pièce *Sémire* le tutoie. Il ne se permet qu'une fois de harsader, un *ne plus te voir Sémire*.

Je passerai légèrement sur les réminiscences que l'on remarque dans la nouvelle tragédie ; je ferai observer que les efforts de l'auteur, pour cacher ses petits larcins littéraires, ne sont pas toujours heureux.

Tout le monde connaît ces deux beaux vers d'Alzire :

> L'Américain farouche est un monstre sauvage,
> Qui mord, en frémissant, le frein de l'esclavage.

Est-ce faute de mémoire, de bon goût ou d'adresse, que M. Delaville a fait dire à son *Arbace* :

> .... Le Mède a souvent éprouvé mon courage,
> Il *ronge*, en *rugissant*, le frein de l'esclavage.

On souffre d'entendre dans la même scène, à la fin d'une tirade bien animée, bien écrite, *Arbace* dire à sa maîtresse, qu'il était plus digne du sceptre que *Xercès* :

> Il le doit au hasard et non à la vertu,
> Pour le lui conserver enfin j'ai combattu;
> Et quand c'est la naissance ainsi qui nous l'*apporte*,
> Celui qui le défend, vaut celui qui le *porte*.

Sémire.

Cher Arbace, où *t'emporte*......

Il faudrait citer une bonne partie de cette tragédie, si l'on voulait s'arrêter à tous les morceaux qui ne sont que de la prose péniblement rimée ; des épithètes qui ne sont qu'un froid remplissage ; des inversions forcées ; les exclamations *ah ! ah ! eh bien !* répétées à chaque page ; des rimes inexactes ; des vers où le repos des hémistiches n'est pas même observé. Aurait-on dit, en prose même :

> ...... Ses vertus et son zèle,
> *Vous sont*, contre le crime, un fidèle soutien.........
> ....
> Ah ! pardonne à ton fils qui chérit ta mémoire,
> *D'oser faire l'essai de son autorité*,
> En révoquant l'arrêt par toi-même porté.

A-t-on jamais dit :

> Toutefois essayez la puissance d'un père.

Dans cette pièce, *Artaxerce* et *Sémire* n'intéressent pas un seul instant ; ils sont toujours hors de toute mesure et de toute raison : aussi rien n'égale le délire de leurs idées et de leur expression. Ces deux personnages sont glacés quand ils ne sont pas ridicules. C'est avec le plus beau sang-froid qu'*Artaxerce* annonce à sa sœur la mort de leur père.

> Eh bien! que le malheur, l'amitié nous *rassemble*,
> Pour alléger nos maux, supportons-les ensemble!
> La tendresse, les soins d'un frère et d'une sœur
> Pourront à nos regrets mêler quelque douceur;
> Et nous soulagerons ma douleur et la vôtre,
> En cherchant des secours dans les bras l'un de l'autre.

Voilà ce qu'on peut appeler une douleur bien raisonnée.

Arbace conserve presque toujours son aplomb et son beau caractère; *Sémire*, *Artaxerce*, son père, tout l'accuse : ce père, auteur du crime, appelle le soupçon sur la tête de son fils innocent. On aime cette noble réponse dans la bouche de celui-ci :

> .... Vous aussi vous demandez ma mort!
> Qu'Artaxerce aujourd'hui, trompé par l'apparence,
> Abreuve de *mépris* l'ami de son enfance;
> Que Sémire m'outrage, et que pour l'univers,
> Votre fils accusé ne soit plus qu'un pervers;
> Je pourrai jusques-là supporter ma misère;
> Mais, vous, vous m'insulter! vous m'accuser, mon père!
> Demander mon trépas avec tant de fureur......
> Ce dernier coup m'accable et me glace d'horreur.

Voilà qui est bien, très bien. Que fallait-il donc à l'auteur pour faire un ouvrage moins faible, moins inégal? En soigner toutes les parties, mûrir son travail, se convaincre que quelques beaux détails ne peuvent excuser les nombreux défauts d'un long poème.

L'auteur avoue, dans sa préface, avoir lu l'*Artaxerce* de Lemierre; il a plus fait, sa mémoire en a conservé les plus estimables morceaux, même ceux qui n'appartenaient pas à Métastase. On a voulu écarter une comparaison entre ces deux auteurs; on s'est récrié contre le style rocailleux de Lemierre; on a exalté l'élégance et le brillant de M. Delaville.

Arrêtons-nous dans l'une et l'autre tragédie, à la sixième scène du second acte. Citons d'abord Lemierre, qui n'est pas toujours rocailleux :

Arbace.

Ah ! je respire, enfin ! Dans ma fureur extrême,
Je puis, barbare.......

Artaban.

Écoute....

Arbace.

      Écoutez-moi vous-même,
J'ai droit de l'exiger, assez je me suis tu,
Assez j'ai pu laisser outrager ma vertu.
J'ai gardé le silence en ce comble d'injure,
J'ai payé plus qu'un fils ne doit à la nature.
Arbace maintenant vous doit la vérité :
Qu'avez-vous fait, cruel ! quel abus détesté
De l'immense pouvoir que votre rang vous donne !
Le second de l'état, vous n'approchez du trône
Que pour atteindre au cœur que vous avez percé,
Au cœur de votre maître à vos pieds renversé !
C'est peu : quand votre fils, que la nature anime,
Vous arrache le fer, cet indice du crime ;
Quand je frémis pour vous, quand je prends malgré moi,
Barbare, cette part au meurtre de mon roi,
Accusé devant vous de ce grand parricide,
Vous pouvez abuser de mon respect timide,
Pour me calomnier, pour noircir votre fils
Du soupçon d'un forfait que vous avez commis.
Je serai cru l'auteur d'un crime abominable,
Ou si tout est connu, je suis fils d'un coupable.
Dans la publique horreur avec vous confondu,
Et de tous les côtés mon honneur est perdu.

L'idée originale est dans Métastase; mais Lemierre,

en la développant avec autant de verve et d'énergie, s'est placé au-dessus de son original.

Écoutons M. Delaville :

Artaban.

O généreux Arbace !
Nous sommes seuls, *viens, viens*, que ton père t'embrasse !

Arbace.

Retirez-vous, barbare ! assez long-temps mon cœur
A su *se faire effort* pour sauver votre honneur.
L'opprobre, le trépas, vont être mon salaire,
J'ai payé plus qu'un fils ne devait à son père.
Mais vous ! qu'avez vous fait ? Un prince assassiné,
Artaxerce trahi, votre fils condamné ;
Et lorsque mon respect me laisse sans défense,
Vous osez abuser, *cruel !* de mon silence.
Vous-même l'on vous voit, poursuivant votre fils,
L'accabler d'un forfait que vous avez commis.

Cette scène est la meilleure des deux tragédies. Le sujet est le même, les idées ne diffèrent que par la manière de les exprimer : c'est pour cela que je l'ai prise pour comparer le style des deux poètes.

On résiste à son père et non à son amante.

Vers faible, prosaïque comme tant d'autres, et qu'il eût été si facile de rendre moins discordant :

On résiste à son père, on cède à son amante.

Rien de fini dans ce poëme. A la fin d'une période bien graduée, on est choqué d'une négligence qui en dépare la chute.

Voilà le seul *devoir* qui *doive* être écouté.

Cette scène, la seconde du cinquième acte, est trop

longue. Sémire fait succéder au délire de l'amour toute la rage de la vengeance.

Il serait facile de citer dans cet ouvrage beaucoup de scènes et beaucoup de tirades dont le début est brillant et fort de style et de pensées ; mais bientôt, à ces préludes pleins de vie, de talens et de clarté, succèdent des lieux communs, insignifians, les plus obscures divagations ; et ce qu'on ne peut concevoir, c'est que l'on y retrouve aussi souvent de ces fautes que le plus léger examen peut découvrir et corriger.

Comment, à la première lecture de son essai, n'a-t-on pas observé à l'auteur, qu'il était contre toutes les convenances que *Sémire* se jetât aux genoux d'*Arbace*; qu'*Arbace*, après avoir, à la fin du quatrième acte, prévenu *Artaxerce* de changer sa garde, ne devait pas renvoyer au dénouement la troupe qu'il avait amenée pour le défendre contre les poignards de cette même garde, vendue aux conspirateurs ? Comment a-t-on pu laisser, après la première lecture, ce vers dont la construction présente une aussi choquante cacophonie ?

Non, non, *ce n'est* point *là l'ame* d'un meurtrier.

Comment ne l'a-t-on pas prévenu que le long et froid discours d'*Artaxerce*, en prenant la couronne au cinquième acte, n'avait point de dignité ; il jure :

De n'user de son autorité,
Que pour mieux assurer votre félicité......

Il aurait dit *amen*, s'il n'eût été interrompu.

Et dans ce grand récit de *Sémire*, qu'allonge un verbeux discours qu'elle place dans la bouche de son *Arbace*, combien de vers faibles, traînans ? Combien d'idées et d'épithètes parasites, pour quelques bons vers qui ne sont même que des réminiscences mal déguisées. Comme la fin en est froide et négligée :

> Cependant Mégabise, intrépide en sa rage,
> Reproche aux conjurés *leur manque* de courage ;
> Et pour les ramener à la *sédition*,
> Veut leur ôter l'espoir d'obtenir leur *pardon*.
> Mais il est accueilli par un affreux murmure,
> Tous veulent dans son sang se laver d'un parjure ;
> Et devant qu'il expire, il est mis en *lambeaux*,
> Par la main qu'il arma pour servir ses complots.

On a déjà indiqué, dans un autre article, les changemens faciles qu'exige le dénouement.

La tragédie de M. Delaville a tous les défauts d'un premier essai. Cet ouvrage, plus mûri, mieux soigné, aurait mérité tous les éloges qu'on lui a prodigués. C'est une esquisse dont il devait long-temps revoir l'ordonnance, les poses, calculer tous les effets, avant de la présenter comme un tableau fini, et tel qu'on devait l'attendre d'un talent que le temps et l'étude peuvent perfectionner ; mais dont un engouement irréfléchi peut étouffer sans retour l'heureux germe.

(Extrait de l'Écho, du 21 Juillet 1810.)

Canéjean, le 23 Juillet 1810.

A M. le Rédacteur de l'Indicateur.

Vous voudrez bien, Monsieur, aussitôt que vous aurez reçu ma lettre, rayer mon nom de la liste de vos abonnés. J'ai trop à me plaindre de votre journal, il m'a trop indignement trompé ; il m'a fait commettre une trop grosse bévue, pour que je m'expose désormais à un semblable danger : écoutez-moi, et apprenez vous-même la force des raisons qui me déterminent.

Il y a environ quinze jours, qu'un de vos numéros m'apprit qu'on venait de représenter sur le Grand-Théâtre de Bordeaux une tragédie nouvelle, qui avait obtenu le succès le plus brillant et *le plus mérité*. Vous fîtes de cet ouvrage, que vous annonciez comme le coup d'essai d'un jeune homme, un éloge complet sous les rapports réunis de la conduite, des caractères et du style. Vous ne vous bornâtes pas à dire votre opinion, vous en prouvâtes, ou plutôt vous parûtes en prouver la justesse par une analyse et par des citations.

Une bonne tragédie en cinq actes a été de tout temps, à Paris même, un ouvrage remarquable ; en Province, une semblable apparition est une sorte de phénomène. Je me déterminai, sur votre parole, à quitter mon village pour aller voir à Bordeaux une représentation de votre nouvel Artaxerce ; je fis plus, je communiquai votre numéro à cinq de mes voisins, et je les engageai à me suivre.

Nous partîmes en effet : nous nous rendîmes au spectacle, où beaucoup d'autres dupes s'étaient rendues comme nous. J'étais rempli d'une telle confiance en vous, que, dès la seconde scène, je me sentis singulièrement intéressé en faveur d'*Arbace* et de *Sémire* ; la troisième m'inspira une curiosité inquiète, qui s'accrut pendant toutes les suivantes.

La politique aussi profonde que perfide d'*Artaban* m'étonna ; la grandeur d'ame d'*Arbace*, ses combats entre l'amour et la nature, son amour pour son roi, prêt à le démentir, tous les traits de son caractère me parurent du plus bel effet tragique. Je crus voir, dans les contradictions continuelles de *Sémire*, les signes caractéristiques des grandes passions ; je trouvai *Artaxerce* à la fois sensible et sévère, bon fils et bon ami : pendant tout le cours de la pièce, sa sœur et lui ne me parurent ni exagérés ni ridicules ; je trouvai même qu'ils s'exprimaient en fort bons vers, avec noblesse et simplicité.

J'applaudis du meilleur cœur du monde ; mes cinq amis m'imitèrent, et notre exemple fut suivi par une foule considérable d'abonnés à l'*Indicateur*, qui remplissaient la salle, et qui se figuraient qu'ils prenaient réellement du plaisir à cette représentation.

En sortant de là, nous allâmes acheter un exemplaire de la tragédie : nous la lûmes le soir, et notre aveuglement était tel, qu'à quelques négligences près, nous fûmes très satisfaits de cette lecture.

Nous sommes revenus à Canéjean, où notre erreur nous a accompagnés. Nous en parlions tous les soirs dans nos réunions champêtres, et nous nous félicitions d'avoir près de nous un jeune homme dont le talent s'annonçait par de si brillans essais, lorsque, hier, un de nos voisins est venu arracher de nos yeux le bandeau que vous y aviez placé.

J'ai lu, monsieur le Rédacteur, j'ai lu un article fait par un littérateur d'une toute autre espèce que vous, et j'ai appris que j'avais été jusqu'à ce moment un barbare et un imbécille ; il m'a été démontré que la tragédie que j'avais admirée, n'avait pas le sens commun ; que le langage des personnages y était hors de toute mesure et de toute raison ; que deux d'entre eux étaient froids lorsqu'ils n'étaient pas ridicules ; qu'en plusieurs endroits c'était une mauvaise copie de la tragédie de Lemierre, et que le style s'y distinguait par des lieux communs, insignifians, et les plus obscures divagations.

J'ai voulu d'abord me débattre contre une opinion qui choquait si fortement celle que vous m'aviez donnée; mais j'ai été écrasé sous le poids des autorités dont le savant critique étayait la sienne.

Je n'ose plus regarder mes voisins, qui m'accusent de les avoir entraînés dans une erreur aussi grossière ; ceux-ci n'osent plus voir leurs parens et leurs amis, dont les sarcasmes les poursuivent ; le désordre règne dans les familles ; notre société, naguères si étroitement unie, est dissoute, et l'amour-propre blessé a brisé tous nos liens.

Voilà, monsieur le Rédacteur, ce que notre fatale confiance en vous a produit : voilà ce qui m'arrive pour avoir été abonné à votre funeste journal. Rayez-moi de votre liste, et que je n'entende plus parler de vous.

Il serait inutile que vous fissiez des efforts pour ébranler ma résolution : rien ne peut m'en faire changer. Essayeriez-vous de me prouver que votre opinion était la meilleure, et que le critique dont l'article m'a désenchanté, est un ignorant qui ne sait ce qu'il dit? Comment parviendriez-vous à me la persuader, lorsqu'il me serait si facile de vous forcer vous-même à admirer et à vous taire?

Parcourez cet article avec moi, et voyez avec quelle grace, avec quelle justesse, avec quelle correction il est écrit.

Le critique ne met point de malice dans ses observations ; il sait, il vous l'apprend en commençant : « qu'on doit pardonner quelques écarts à l'impatience » d'un jeune talent, qui se trahit par des irrégularités *même.* » Ce mot *même* donne à la phrase un sens différent de celui que tout le reste annonce : c'est là précisément qu'on reconnaît l'habile écrivain.

Votre auteur tragique a mis en tête de son ouvrage un *avis au lecteur*, dont vous aviez trouvé le ton et le style parfaitement convenables.

Eh bien! vous n'aviez pas le sens commun, en tenant un pareil langage; et, pour vous en convaincre, on vous rappelle une phrase dont les divers membres sont liés par des *que*. Vous m'avouerez que cette manière d'écrire est *au moins* très-négligée ; le critique nous l'apprend avec raison ; et pour nous montrer combien les répétitions sont fatigantes , il a l'attention, dans les deux phrases suivantes, de placer quatre fois le même *que*, trois fois *quelque*, et deux fois *morceaux* : voilà ce qu'on appelle joindre l'exemple au précepte.

Votre auteur écrit mal en prose : cela est prouvé. Ecrit-il mieux en vers? vous allez voir que non.

D'abord, c'est un plagiaire, et si le critique voulait le lui prouver, il n'en serait point embarrassé ; mais il ne veut pas écraser son adversaire.

« Je passe *légèrement*, dit-il (*légèrement!* qui s'y
» serait attendu?), sur les réminiscences que l'on *re-*
» *marque* dans la nouvelle tragédie ; je ferai *remar-*
» *quer* que ses efforts pour cacher *ses* petits larcins
» littéraires, ne sont pas toujours heureux. »

Que répondrez-vous à cela? Comment justifierez-vous *une tragédie* qui fait des efforts pour cacher *ses petits larcins littéraires?* Soyez juste et franc : vous conviendrez qu'une telle conduite de *sa* part n'est pas excusable.

Ce n'est pas tout, et il y a bien d'autres fautes :

on y trouve notamment des rimes inexactes et des vers *dont* le repos *des* hémistiches n'est pas même observé.

Me direz-vous que vous ne comprenez pas cette phrase ? tant pis pour vous : vous auriez dit « des vers *où* le repos des hémistiches » ; mais c'est là une manière de parler triviale, que n'emploie pas un littérateur distingué ; et tout cela n'empêche pas que si on trouve dans la tragédie des vers où cette faute se remarque, l'auteur n'ait eu grand tort de les y mettre ; à la vérité, le critique n'en cite aucun ; mais il l'assure et cela me suffit.

Je ne vous parle pas des fautes de langue dont votre tragédie est semée ; mais lisez l'article vous-même, et tenez tout ce que vous trouverez écrit en lettres italiques, pour autant de barbarismes, de solécismes et de bévues de cette espèce. Je ne suis pas assez bon grammairien pour vous les désigner autrement, parceque, sans cette précaution, je ne les aurais pas aperçues. J'en ai pris note, et dorénavant vous pouvez être sûr que je me garderai bien de dire : *pardonnez-moi de faire quelque chose* ; ou bien, *faire l'essai de mon autorité* ; ou bien encore, *essayer ma puissance*.

J'avais cru cela, jusqu'ici, correct et même élégant ; je suis bien aise d'être désabusé.

Je le suis tout à fait aussi sur le compte de ce jeune *Artaxerce*, et je me répens bien de la sottise que j'ai faite en m'intéressant à la douleur qu'il éprouve comme fils et comme ami.

Voyez, dans l'article, avec quelle froideur il annonce à sa sœur la mort de leur père ? Vous me direz peut-être que les vers qu'on cite sont pleins de sensibilité : je l'avais pensé ; mais ce n'est pas vrai. Vous me direz qu'*Artaxerce* n'annonce pas à sa sœur la mort de *Xercès*; qu'elle en est déjà instruite avant de venir.... Qu'est-ce que cela prouve? que le critique n'a pas lu l'ouvrage : je le crois ; mais ses observations n'en sont pas plus mauvaises pour cela, et il n'aurait pas mieux fait, quand il le saurait par cœur.

Votre tragédie est un méchant ouvrage, n'essayez plus de la soutenir : gardez-vous sur-tout d'en comparer le style à celui de Lémierre.

Lisez, lisez les beaux vers qu'on vous cite, et qu'on a choisis avec soin dans son *Artaxerce* :

J'ai gardé le *silence en ce* comble d'injure.

Voilà un vers harmonieux ;

C'est peu : quand votre fils, *que la nature anime*,
Vous arrache le fer, *cet* indice du crime.....
Accusé devant vous de ce *grand* parricide.

Voilà des vers où on ne trouve point d'épithètes oiseuses : cherchez, dans votre ouvrage nouveau, un seul hémistiche comparable à cela.

Ah ! monsieur le Rédacteur, que vous êtes coupable, et que votre admiration me donne une faible idée de votre goût.

Vous avez lu cet essai, et vous n'avez pas *observé* à l'auteur qu'il y avait des inconvenances!.... Quel reproche n'avez-vous pas à vous faire de cet oubli ?

Vous avez pensé, peut-être, qu'on ne pouvait pas *observer quelque chose à quelqu'un*; qu'on pouvait seulement la lui *faire* observer. Je l'avais cru comme vous ; mais puisque le critique veut que cela se passe ainsi, ne le contrariez plus à l'avenir : observez-vous davantage, et *observez* sur-tout à l'auteur, qu'une femme ne se jette pas à genoux devant un homme. S'il vous *observe*, à son tour, qu'on voit tous les jours au théâtre *Clytemnestre* aux pieds d'*Achille*, *Adélaïde* aux pieds de *Vendôme*, et d'autres exemples semblables, ne prenez pas la peine de lui répondre, parceque cela serait inutile.

Souvenez-vous bien que le discours d'*Artaxerce*, au cinquième acte, n'a point de dignité; qu'il est froid, long et insipide.

J'ai cru mourir de rire, malgré mon dépit, en lisant cette partie de l'article qui m'a détrompé : cette idée de faire finir ce discours par *amen* est bien une des plaisanteries les plus fines que j'aie jamais lues ni entendues. Il y a plus d'esprit dans cet *amen* que dans toute la tragédie nouvelle, et un mot comme celui-là suffit pour faire tomber en confusion l'auteur qui se l'est attiré.

Voulez-vous savoir ce que c'est que l'ouvrage de votre M. Delaville? je vais vous l'apprendre : « C'est une es-
» quisse dont il devait long-temps revoir l'ordonnance,
» *les poses*, calculer tous les effets, avant de la présenter
» comme un tableau fini, et tel qu'on devait l'attendre
» d'un talent que le temps et l'étude peuvent perfection-
» ner; mais dont un engouement irréfléchi peut étouffer
» sans retour l'heureux germe. »

Voilà ce que c'est. N'allez pas me demander ce que j'entends par un *tableau fini*, tel qu'on devait l'attendre d'un talent que le *temps* et *l'étude peuvent perfectionner*; c'est-à-dire, un ouvrage parfait, fait par un auteur qui, à force de temps et d'étude, peut espérer de le devenir.

Je ne me charge pas d'expliquer ce qui est hors de la portée de mon intelligence, et je conviens qu'elle ne va pas jusque-là; mais il n'en demeure pas moins certain, que cette tragédie n'est autre chose que ce qu'a dit le judicieux critique, et que vous aurez à vous reprocher les éloges que vous lui avez donnés, et le tort que vous m'avez fait.

Je suis sûr que cette faute grossière vous a déjà fait perdre un nombre prodigieux d'abonnés ; je suis leur exemple, et je vous prie très instamment d'effacer sur le champ mon nom de votre liste. Je sais où j'irai dorénavant chercher des instructions, et me faire une opinion sur les productions littéraires.

J'ai l'honneur de vous saluer,

X.

(*Extrait de l'Indicateur, du 26 Juillet 1810.*)

On connaissait, parmi les anciens peuples, les Gots, les Visigots et les Ostrogots. L'un des plus célèbres voyageurs modernes, *Le Vaillant,* nous a donné l'histoire des Hottentots. Une feuille publique de cette ville nous apprend l'existence des *Canéjeannots.* On ne dit point si, comme les Caffres, observés par *Le Vaillant,* ils vont nus, la tête découverte, et les cheveux ornés de coquillages, etc. (1)

On ne dit rien de leur taille, de leurs habitudes et de leurs mœurs ; mais il paraît certain que les *Canéjeannots* ont une société savante, ou soi-disant telle. A peine sont-ils informés que l'on représente sur le Grand-Théâtre de Bordeaux une nouvelle tragédie, intitulée *Artaxerce,* par un jeune homme, voilà cinq ou six *Canéjeannots* qui s'empressent de quitter leur village pour courir à la ville. Ils assistent à une représentation de cette tragédie, qui

---

(1) Encyclopédie, tom. 8, p. 320 et 321, au mot *Hottentots.*

fait époque dans les Annales dramatiques ; ils sont enchantés. L'auteur est au moins le rival de Voltaire. Le premier acteur a tous les talens de Lekain ; et les *Canéjeannots*, excellens juges en littérature, instruisent l'univers, par la voie d'un journal, de leur haute opinion sur le nouveau chef-d'œuvre tragique. Ils citent une longue tirade qui les avait enthousiasmés ; mais, soit imprudence de leur part, soit étourderie ou négligence de la part du prote, ces vers si admirables fourmillent de fautes de grammaire ou de prosodie. Un autre critique analyse le même ouvrage, en signale les incorrections, les invraisemblances et même les plagiats ; il cite les endroits qu'il trouve vicieux, incorrects ou inconvenans, et ceux qu'il trouve bien écrits et bien pensés. Cette manière de critiquer étonne, exaspère les littérateurs *Canéjeannots* ; ils ne veulent pas démordre de leur opinion ; ils persistent à soutenir qu'à de légères imperfections près, la nouvelle tragédie est sublime, *sous les rapports réunis de la conduite des caractères et du style*.

On s'attend qu'ils vont tâcher de prouver que les incorrections, les plagiats, reprochés à l'auteur qu'ils favorisent, n'existaient pas. Non sans doute, des littérateurs *Canéjeannots* doivent être crus sur parole ; et quand ils se sont fait lire un ouvrage, le monde littéraire doit, sans examen, se soumettre aux décisions du champêtre Athénée.

L'auteur de la nouvelle tragédie, qui n'est assurément point associé résidant, honoraire ou correspondant de ce corps académique, pourrait répondre à ces singuliers prôneurs :

.... Et je n'ai mérité,
Ni cet excès d'honneur, ni cette indignité.

On se prévient, on se passionne bien facilement à Canéjean. L'auteur de la nouvelle tragédie a, nous assuret-on, approuvé la plupart des observations que nous avons publiées sur son ouvrage, avec tous les ménagemens, tous les égards qu'on devait à son jeune âge, aux heureuses dispositions qu'on ne peut lui contester. Si le Rédacteur de ces articles avait un reproche à se faire, ce ne serait pas celui d'une excessive sévérité.

Cette critique, indulgente sans faiblesse, sévère sans partialité, toujours sincère et décente, n'est peut-être pas encore d'usage dans les discussions littéraires de Canéjean. Le bon Lafontaine, qui fit parler les bêtes avec tant d'esprit et de naïveté, ne doit pas être inconnu à Canéjean, ou il faudrait accuser les *Canéjeannots* d'ignorance et d'ingratitude, et ce serait les calomnier.

Le magister du docte village devrait se rappeler de faire lire, à la prochaine séance académique, la fable de Lafontaine, intitulée : *l'Ours et l'Amateur des jardins*; c'est la dixième du huitième livre, et d'en faire écrire la moralité en très gros caractères dans l'endroit le plus apparent de la salle, pour l'instruction de tous les docteurs *Canéjeannots*.

Cette courte élucubration sur les *Canéjeannots*, a mis fin à tous les débats. Je n'ai pas cru devoir, du moins quant à présent, y ajouter l'opinion du Rédacteur du feuilleton de la Gazette de France, du 16 de ce mois : l'auteur de la tragédie parodiée n'aura pas à se plaindre de cette omission.

www.ingramcontent.com/pod-product-compliance
Lightning Source LLC
LaVergne TN
LVHW050620090426
835512LV00008B/1583